我
们
一
起
解
决
问
题

进出口企业合规纳税指南

王永亮 著

人民邮电出版社

北京

图书在版编目（CIP）数据

进出口企业合规纳税指南 / 王永亮著. -- 北京：
人民邮电出版社，2023.10（2023.12重印）
ISBN 978-7-115-62580-9

Ⅰ. ①进… Ⅱ. ①王… Ⅲ. ①外向型企业－企业管理
－税收管理－中国－指南 Ⅳ. ①F279.24-62

中国国家版本馆CIP数据核字（2023）第165230号

内 容 提 要

进出口环节的税收征管要求比较复杂，进出口企业只有同时兼顾业务实际、海关要求及税务相关规定，才能做到合规纳税。

本书同时从海关与税务两个维度着手，全面介绍了在进出口业务中，进出口企业应如何正确对待海关与税务机关的税收征管要求，内容主要包括进出口环节的税收征管方式、相关法律责任、海关征税的技术问题与具体要素、特定情形下进口环节的征税、出口环节的税收优惠政策等。全书内容以实际问题为导向，厘清了各种业务模糊之处，有利于企业避开进出口业务中的"雷区"，从而有针对性地搭建起适合自身情况的合规体系，为企业合规纳税、健康发展提供保障。

本书既适合从事进出口关务和税务工作的相关人士阅读，也可以作为财税培训机构与财经院校相关专业课程的指导用书。

◆ 著 王永亮
    责任编辑 付微微
    责任印制 彭志环

◆ 人民邮电出版社出版发行   北京市丰台区成寿寺路 11 号
邮编 100164   电子邮件 315@ptpress.com.cn
网址 https://www.ptpress.com.cn
涿州市般润文化传播有限公司印刷

◆ 开本：880×1230 1/32
印张：11   2023 年 10 月第 1 版
字数：176 千字   2023 年 12 月河北第 2 次印刷

定 价：69.00 元
读者服务热线：（010）81055656 印装质量热线：（010）81055316
反盗版热线：（010）81055315
广告经营许可证：京东市监广登字20170147号

　　进出口环节的税收是国家财政收入的重要组成部分。由于该环节同时涉及海关的监管要求与税务机关的税收征管规则，以及国际贸易中的单证、物流、外汇等交易规则，因此进出口企业要做到合规纳税并不容易，需要相关从业人员做到以下几点。

　　首先，需要对国际贸易有一定的了解，也就是知道企业是怎么做跨国生意的。这说起来容易，但做起来难。不同企业的具体情况差异很大，导致其在国际贸易中碰到的具体问题与关注点可能完全不同。

　　其次，需要了解海关的监管要求。为了做好税收征管工作，海关制定了一系列独特的税收征管制度，包括征管方式、商品归类、商品估价、原产地判定等。相关从业人员只有理解了海关的监管要求，才能弄明白海关在进出口活动中是如何征收税款的。

最后，还需要了解税务机关的征管制度、税收优惠政策，以及进出口税收涉及的相关法律责任。在进出口税收征管过程中，税务机关与海关既有分工，也有合作。例如，在租赁进口、特许权使用费等特殊交易场景中，税务机关与海关之间就存在着截然不同的税务处理方式。税务机关与海关在查证交易真实性方面会通力合作，但在确定公允价格方面却又有着不同的执法标准。

因此，可以说，进出口环节的税收征管是一项综合性的工作，进出口企业只有同时兼顾业务实际、海关要求及税务相关规定，才能做好纳税合规管理工作。

本书作者系上海海关学院海关法律系讲师，长期从事进出口税收教学和研究工作，并兼职从事律师工作，为企业提供包括合规咨询、争议解决、刑事辩护等法律服务。在长期的实践中，作者接触了大量的企业，全程参与了大量税收争议与刑事辩护工作，对进出口环节的税收有着全面且深入的理解。

本书主要从海关与税务两个维度介绍进出口税收业务，内容具有如下特色。

第一，坚持以实际问题为导向。作者有着近二十年法律方面的工作经验，十年在人民法院工作，九年从事教学与兼职律师工作。对于实际操作中存在的问题，无论是从执法机关的视角还是从企业的视角，作者均有着深刻的认识。只有以问题为导向，企业才能尽可能避开进出口业务中的"雷区"，有针对性地搭建起适合自身情况的合规体系。

第二，将海关、税务与外汇管理作为一个整体展开论述。在进出口业务中，海关、税务与外汇管理实际上是相互关联的，如出口退税、转让定价以及特许权使用费支付等业务，企业只有通盘考虑，才能避免顾此失彼，把此类业务做得合法合规。

第三，强调法律法规实施中的实际效果。实务中，有时抽象的法律条文与实际操作可能会有差别，企业仅仅依据法律法规条文作为行动指引难免会出现偏差。本书没有简单援引法律法规条文，而是结合作者的海关税务服务经验与公开的海关法律文书，剖析了进出口法律法规的实际影响，对企业来说具有较高的借鉴价值。

总之，本书是一本全面、深入、系统地讲解进出口环节税收问题的专业图书，既有理论知识又有实践案例，希望能给在进出口税收问题上求索的读者们提供借鉴，少走弯路。

由于财税法规、制度更新变化较快，书中难免有错漏之处，恳请读者批评指正。

目 录

CONTENTS

第二章　海关征税的技术问题

第五章　出口环节的税收征管

第七章　进出口税收中的法律责任

01

第一章
进口环节的税收征管

　　进口环节的税收主要涉及关税、增值税和消费税。关税统一由海关征收；增值税和消费税通常由海关代征，在一些例外情况下，由税务机关在国内销售环节征收。原则上，海关征税仅针对货物贸易，服务贸易不涉及货物进境的，海关通常不征税，但对于与进口货物相关的服务贸易，海关有可能征税。例如，国内咖啡连锁经营企业使用国外咖啡品牌的商标，并定期支付商标使用费，在这种情形下，海关不征税，因为没有进境的货物；但若企业直接进口了印有国外咖啡品牌商标的咖啡杯，并据此支付商标使用费，则海关照章征税。

一、海关征税的重要依据

　　每年年末，国务院关税税则委员会都会公布次年的《中华人民共和国进出口税则》（以下简称《进出口税则》），对次年如何征收关税做出明确，这是海关征税的重要依据。商品编码是海关税则中商品的分类号。准确确定并申报进出口商品编码，是进出口企业确定税种、税目、税率等的基础。相关进出口企业及时、准确查询到上述信息，是关务管理的"**必修课**"。一般来说，商品编码和相关基础信息等每年会有所调整，企业在办理进出口业务时，应以官方当年发布的版本为依据，避免出现基础性错误。

在 2023 年版税则中，进口税则关税税目共 8 948 个，出口税则关税税目共 102 个。从数量上看，进口税则关税税目明显多于出口税则关税税目，这主要是因为我国对绝大多数出口商品实行免税或出口退税政策，目的是增强出口商品的国际竞争力。

（一）进口税则的主要内容

进口税则和出口税则的组成部分大体一致。进口税则主要包括**关税税目、税率及税率的适用顺序**三部分内容。其中，关税税目以世界海关组织《商品名称及编码协调制度》为基础，由商品编码和目录条文组成。例如，在"92012000 完税价格 50 000 美元及以上的大钢琴"这条税目中，商品编码为 92012000，目录条文为完税价格 50 000 美元及以上的大钢琴。

进口关税的税率一共有六种：最惠国税率、协定税率、特惠税率、暂定税率、普通税率和关税配额税率。在国际贸易活动中，最惠国税率适用范围最广，但也存在特殊情况，如最惠国税率的进口货物有暂定税率的，则不适用最惠国税率，应当适用暂定税率。以上述的大钢琴为例，若完税价格为 100 万元人民币，进口关税最惠国税率为 10%，暂定税率为 1%，那么大钢琴进口商优先适用 1% 的暂定税率，应当缴纳 1（100 × 1%）万元关税。

出口税则部分，关税税目与进口税则相同的，关税税率基本上只有一种，即出口税率。适用出口税率的出口货物有暂定税率的，适用暂定税率。

（二）重要定义

在 2023 年版税则中，围绕完税价格、原产地、进境物品的进口税、关税减免等重要定义的进口和出口规定有明显不同。

以完税价格为例，进口货物的完税价格与出口货物的完税价格就存在明显的差别。进口货物的完税价格，以该货物的成交价格以及该货物运抵我国境内输入地点起卸前的运输及其相关费用、保险费为基础审查确定；出口货物的完税价格，以该货物的成交价格及该货物运至我国境内输出地点装载前的运输及其相关费用、保险费为基础审查确定。据此，一批出厂价格相同的货物，在计算进口完税价格时，应当包含国际运输中的运费和保险费，而在计算出口完税价格时，则不包含国际运输中的运费和保险费。

除完税价格外，在原产地的判断标准上，进口和出口也存在较大差别。**在适用协定税率时，原产地依据区域性贸易协定确定；在适用其他税率时，原产地依据进口国（地区）的法律确定。** 例如，原产于中国的铝型材销售到越南，在越南进行加工、经轻微改变后出口至英国。出口中，这些铝型材在越南加工后是否取得越南原产地资格，取决于英国的法律。而所有进口到中国的货物，除协定税率货物依据区域性贸易协定判断外，其他进口货物原产地均按照《中华人民共和国进出口货物原产地条例》（以下简称《进出口货物原产地条例》）判定。

（三）税款的计算

除了关税，企业在进出口环节还涉及增值税和消费税的计算，这两个税种的具体税务处理，需要参照《中华人民共和国海关进出口货物征税管理办法》（以下简称《海关进出口货物征税管理办法》）执行。

　　下面以进口高档化妆品为例对企业进口环节涉及的增值税和消费税进行说明。《财政部　国家税务总局关于调整化妆品消费税政策的通知》（财税〔2016〕103号）第一条规定："高档美容、修饰类化妆品和高档护肤类化妆品是指生产（进口）环节销售（完税）价格（不含增值税）在10元/毫升（克）或15元/片（张）及以上的美容、修饰类化妆品和护肤类化妆品。"《财政部　国家税务总局关于调整化妆品进口环节消费税的通知》（财关税〔2016〕48号）对高档化妆品也做出了相同的定义。

　　【案例1-1】某公司进口一批香水，基价为10元/毫升（克），属于高档化妆品。海关核定的完税价格为10 000元，关税最惠国税率为5%、消费税税率为15%、增值税税率为13%。该公司应当缴纳的税款如下：

　　关税应纳税额＝完税价格×关税税率＝10 000×5%＝500（元）

　　消费税应纳税额＝（完税价格＋实征关税税额）÷

（1–消费税税率）×消费税税率＝（10 000+500）÷（1–15%）×15%=1 852.94（元）

增值税应纳税额＝（完税价格＋实征关税税额＋实征消费税税额）×增值税税率＝（10 000+500+1 852.94）×13%=1 605.88（元）

总税款＝500+1 852.94+1 605.88=3 958.82（元）

二、税收征管方式

根据不同的交易场景，海关设定了不同的税收征管方式，这意味着不同的交易场景下税款的征收方式是不同的。海关的税收征管方式大致可以分为三种：征税、减免税与保税。

（一）征税

同样是征税，进口方式不同，同样的货物可能适用不同的税率和监管条件。

1. 不同的税率

例如，同样是购买手提包，如果按照一般贸易方式进口，那么关税税率为 6%，增值税税率为 13%；如果我们直接从境外背一个回来或者在网上海淘，则适用 20% 的行邮税，不再具体区分关税和增值税，打包在一起作为行邮税征收；如果在跨境电商平台上下单，则对于符合条件的手提包（单价在 5 000 元以下），关税免征，进口增值税打 7 折，即增值税税率为 9.1%。具体如图 1-1 所示。

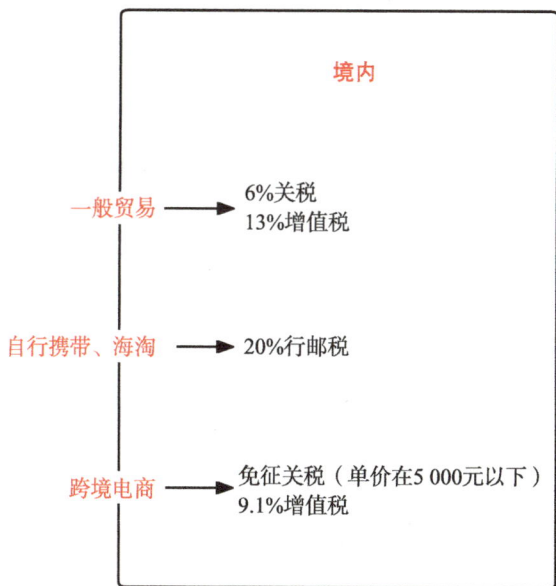

境内

一般贸易 ⟶ 6%关税
13%增值税

自行携带、海淘 ⟶ 20%行邮税

跨境电商 ⟶ 免征关税（单价在 5 000 元以下）
9.1%增值税

图 1-1　购买手提包的不同税率

2. 不同的监管条件

不同的进口方式不仅适用不同的税率，还适用不同的监管条件。仍以购买手提包为例。手提包以一般贸易方式进口，进口商需要填写报关单，国内收货人需要具有相应的资质，要在海关进行备案。在一般贸易方式下，只要足额缴纳税款，进口商进口手提包的数量和品种是不受限制的，爱买多少就买多少，爱买多高档的就买多高档的。

相比之下，携带进境或者邮递进境在手续上简单得多，携带人或者收件人不需要填写报关单，也不需要具有任何资质，但在监管方式上有着严格的限制条件。例如，在种类上，仅限于与生活相关的物品，具体以《中华人民共和国进境物品归类表》为准；在数量或价值上，明确规定了上限。

根据《关于进境旅客所携行李物品验放标准有关事宜》（海关总署公告 2010 年第 54 号）：

"一、进境居民旅客携带在境外获取的个人自用进境物品，总值在 5 000 元人民币以内（含 5 000 元）的；非居民旅客携带拟留在中国境内的个人自用进境物品，总值在 2 000 元人民币以内（含 2 000 元）的，海关予以免税放行，单一品种限自用、合理数量，但烟草制品、酒精制品以及国家规定应当征税的 20 种商品等另按有关规定办理。

二、进境居民旅客携带超出 5 000 元人民币的个人自用进境物品，经海关审核确属自用的；进境非居民旅客携带拟留在中国境内的个人自用进境物品，超出人民币 2 000 元的，海关仅对超出部分的个人自用进境物品征税，对不可分割的单件物品，全额征税。"

对于邮递进境的物品，同样不需要填制报关单，不需要履行报关手续，对境内的收件人也没有资质的要求。但是，根据《关于调整进出境个人邮递物品管理措施有关事宜》（海关总署公告 2010 年第 43 号）："二、个人寄自或寄往港、澳、台地区的物品，每次限值为 800 元人民币；寄自或寄往其他国家和地区的物品，每次限值为 1 000 元人民币。三、个人邮寄进出境物品超出规定限值的，应办理退运手续或者按照货物规定办理通关手续。但邮包内仅有一件物品且不可分割的，虽超出规定限值，经海关审核确属个人自用的，可以按照个人物品规定办理通关手续。"

在跨境电商进口中，可以进口的货物也被严格限制在

《跨境电子商务零售进口清单》之内，只有清单内的货物才允许以跨境电商的方式进口。同时，在价值方面，跨境电商货物也受严格限制。根据《财政部 海关总署 税务总局关于完善跨境电子商务零售进口税收政策的通知》（财关税〔2018〕49号），跨境电子商务零售进口商品的单次交易限值为5 000元，年度交易限值为26 000元。完税价格超过5 000元单次交易限值但低于26 000元年度交易限值，且订单下仅一件商品时，可以自跨境电商零售渠道进口，按照货物税率全额征收关税和进口环节增值税、消费税，交易额计入年度交易总额，但年度交易总额超过年度交易限值的，应按一般贸易管理。

总体来说，一般贸易是最基本的进口方式，其他的进口方式都仅仅是对一般贸易的补充，因此，其他进口方式进境数量和规模都受到严格的限制，以避免对一般贸易产生过度的冲击。

3. 快件进口应当特别关注的问题

不管货物多少、金额大小，只要不属于生活所需，在海关法上通常均被定性为货物，而不是物品。一旦被定性为货物，就必须履行报关手续。不同的进境方式均可以实现货物进境的目的。较常见的是填制正式的报关单，自报或委托报关行代为申报进境；其他的进境方式还包括行邮、快件、随身携带等。只要依法履行了报关手续，这些进境方式都是合法的。

不同的进境方式，海关会采取不同的监管模式，企业拿到的业务单据是不同的，这会对后续的结汇、核销及审计等产生一定影响。实务中，因不了解快件进口监管模式而出现问题的企业较多，下面就主要介绍快件进口的监管要求。

（1）快件进口的刚性要求

根据《中华人民共和国海关对进出境快件监管办法》（海关总署令第 104 号）第二十二条："货物类进境快件报关时，运营人应当按下列情形分别向海关提交报关单证。

对关税税额在《中华人民共和国进出口关税条例》规定的关税起征数额以下的货物和海关规定准予免税的货样、广告品，应提交《中华人民共和国海关进出境快件 KJ2 报关单》、每一进境快件的分运单、发票和海关需要的其他单证。

对应予征税的货样、广告品（法律、法规规定实行许可证件管理的、需进口付汇的除外），应提交《中华人民共和国海关进出境快件 KJ3 报关单》、每一进境快件的分运单、发票和海关需要的其他单证。"

根据《关于升级新版快件通关管理系统相关事宜的公告》（海关总署公告 2018 年第 119 号，以下简称 119 号公告）第一条："海关总署 2016 年第 19 号公告中的文件类进出境快件（简称 A 类快件）、个人物品类进出境快件（简称 B 类快件）分类不变；对低值货物类进出境快件（简称 C 类快件）范围进行调整，C 类快件是指价值在5 000 元人民币（不包括运、保、杂费等）及以下的货物，但符合以下条件之一的除外：

（一）涉及许可证件管制的；

（二）需要办理出口退税、出口收汇或者进口付汇的；

（三）一般贸易监管方式下依法应当进行检验检疫的；

（四）货样广告品监管方式下依法应当进行口岸检疫的。"

由上述规定可知，只有不涉及检验检疫、不涉及许可证件的低值货物，才能以快件的方式进行申报。这些规定是快件进口中的刚性要求，企业不得违反，否则会因违规受到处罚，情节严重的还有可能构成走私罪或逃避商检罪。

（2）快件进口中的弹性要求

与检验检疫、许可证以及货值等刚性要求相比，出口退税、出口收汇或者进口付汇等要求则是一种弹性要求。是否出口退税、出口收汇或者进口付汇，完全取决于企业的商业意图，海关是无从判断的。例如，一票 5 000 元以下的出口货物，企业可能收汇，也可能不收汇；可能退税，也可能不退税。因为事权不同，海关不会去审查外汇和税务问题。因此，违反出口退税、出口收汇或者进口付汇等弹性要求，最终的后果不是受到海关的处罚，而是企业无法实现自身的商业意图，例如，企业一旦选择了快件进口，可能后续无法办理出口退税、收汇等业务，从而蒙受经济损失。

除了外汇与税收上的影响，错误选择快件报关还有可能导致加工贸易手册或账册无法核销，因为加工贸易手册和账册是依据正式的报关单进行核销的，快件报关单无法作为核销的依据。

最后，快件进口报关因为更加强调通关效率，可能会采取汇总报关征税的方式。例如，快递公司申报了 1 000 票货物，向海关申报总的纳税金额，至于具体每一票货物价值多少，无须明确。对于一些对财务单据要求比较高的企业来说，这也是一件麻烦的事情，可能会导致企业所得税税前扣除缺乏合法的凭证，从而受到税务机关的质疑。

总之，快件进口报关单的优势在于快捷方便，但并不适用于所有企业。企业一定要延伸性地了解自身的商业需求，对货物进口后的单证要求做出预判，以确定是否采用快件进口的方式。

【案例 1-2】某公司委托上海某包裹物流公司以货样广告品方式向海关申报进口 C 类快件一票，共 2 项，分别申报为：（1）玩具相机 1 个，总价 CIF 503 美元（CIF 为成本加保险费加运费）；（2）USB 线缆 1.91 千克，总价 CIF 150 美元。经海关查验发现，实际进口货物为 360 度全景相机 41 台及 USB 连接线 30 件。经查，上述实际进口货物的总价分别为 10 045 美元及 150 美元，与申报不符，应按照海关对进口货物通关的规定办理进口手续。

经海关核定，上述进口货物的完税价格共计人民币

65 898 元，应纳税款共计人民币 8 566.76 元，当事人漏缴税款共计人民币 8 020.15 元。

上述事实业已构成违反海关监管规定的行为，海关依法对当事人做出如下行政处罚：科处罚款人民币 8 000 元。

4. 货样广告品的海关与外汇问题

在商业活动中，有些交易是需要看样订货的。例如，国外公司先发了两个样品给中国公司，中国公司不需要就这两个样品对外付汇。那么，在这种交易场景下，会有哪些值得注意的海关与外汇问题呢？主要涉及以下七个问题。

（1）货样广告品应当以何种监管方式进行申报

首先，货样广告品属于明确列明原因的进出口免费，不能按照 3339（监管方式代码）其他进出口免费进行申报。

《监管方式代码表说明》规定，其他免费提供货物指除已具体列名的礼品、无偿援助和赠送物资、捐赠物资、无代价抵偿进出口货物、免费提供的货样、广告品等及归入列名监管方式的免费提供货物以外，进出口其他免费提供的货物。本监管方式代码为"3339"，简称"其他进出口免费"。

其次，货样广告品原则上按照 3010 进行申报，但要考虑到两种例外情形。根据《监管方式代码表说明》，暂时进出口的货样广告品，应当按照 2600 暂时进出货物申报；驻华商业机构不复运出口的进口陈列样品，按照 2939 陈列样品进行申报。

（2）货样广告品的申报有无数量、金额或者税则号列（也称商品编码）方面的限制

《监管方式代码表说明》规定，货样广告品的监管方式代码为 3010，全称为"进出口的货样广告品"。本监管方式适用于有进出口经营权的单位进出口货样广告品。暂时进出口的货样、广告品和驻华商业机构不复运出口但进口陈列的样品，不适用本监管方式。

据此，货样广告品必须基于贸易所需，不能是生活所需的物品，同时必须具有货样广告品的真实贸易背景。对企业来说，据实申报即可，没有明确的数量、税则号列或者价值方面的限制性规定。

（3）货样广告品是否需要缴税

货样广告品原则上同样应当照章纳税，与一般贸易项下货物的计税方式并没有区别。

《关于进出口货样和广告品监管有关事项》（海关总署公告 2010 年第 33 号）第四条规定："进出口无商业价值的货样和广告品准予免征关税和进口环节海关代征税，其他进出口货样和广告品一律照章征税。"

《海关进出口货物征税管理办法》第七十条规定："纳税义务人进出口减免税货物，应当在货物进出口前，按照规定凭有关文件向海关办理减免税审核确认手续。下列减免税进出口货物无需办理减免税审核确认手续：

（一）关税、进口环节增值税或者消费税税额在人民币 50 元以下的一票货物；

（二）无商业价值的广告品和货样；

……"

无商业价值的货样广告品，或者关税、进口环节增值税或者消费税税额在人民币 50 元以下的一票货样广告品，可以不缴纳进出口环节税款。除此之外的货样广告品，在进出口环节一律照章征税。

（4）货样广告品价值对 C 类快件的影响

根据 119 号公告的规定，价值在 5 000 元人民币（不包括运、保、杂费等）及以下的货样广告品，可以按照 C 类快件申报，超出这个限额的，就只能按照一般贸易申报。

（5）货样广告品价值对自动进口许可证的影响

商务部、海关总署于 2008 年发布的《机电产品进口自动许可实施办法》第十八条规定："有下列进口属于自动进口许可机电产品情形之一的，不适用本办法：（五）进口货样和广告品、实验品，每批次价值不超过 5 000 元人民币的。"

需要特别注意的是，货样广告品价值在 5 000 元以下的，仅免除了自动进口许可证的办证义务。如果是需要办理进口许可证的机电商品，则不能豁免，不管金额是否超过 5 000 元，都必须办理进口许可证。

（6）货样价值对出口许可证的影响

《海关总署关于出口货样广告品免领出口许可证范围的通知》（署法〔2000〕105 号）规定："一、出口企业运出境外属出口许可证管理的货样或实验用样品，每批货物价值在人民币 3 万元（含 3 万元）以下者，免领出口许可证，海关凭企业填写的出口货样报关单验放。

二、文化交流或技术交流等活动需对外提供的商品货样，每批货样价值在人民币 3 万元（含 3 万元）以下者，免领出口许可证，海关凭出运单位主管部门（司、局级以上）出具的证明和出运单位填写的出口货样报关单验放。"

（7）货样广告品不收汇的情况下如何做到外汇收付合规

在货样广告品通关环节，企业不仅应当注意海关事务合规，还应当注意外汇收付的合规性。外汇方面的主要问题在于，货样广告品大多是不需要收付汇的，货物进口或者出口了，却没有收到或者支付相应的外汇，如何跟外管局交代呢？

《国家外汇管理局关于印发货物贸易外汇管理法规有关问题的通知》（汇发〔2012〕38 号）附件 3《货物贸易外汇管理指引操作规程（银行企业版）》对此做出了规定：

"1. 对于单笔进口报关金额与相应付汇金额、单笔出口报关金额与相应收汇金额存在差额的，企业可根据该笔差额对其外汇收支与进出口匹配情况的影响程度，自主决定是否向外汇局报告差额金额及差额原因等信息。

2. 对于存在多收汇差额或多付汇差额的，企业可在收款或付款之日起 30 天内通过监测系统企业端向外汇局报告，或在收款或付款之日起 30 天后（不含）到外汇局现场报告。

对于存在多出口差额或多进口差额的，企业可在出口或进口之日起 30 天内通过监测系统企业端向外汇局报告，或在出口或进口之日起 30 天后（不含）到外汇局现场报告。"

也就是说，对于不收汇或者不付汇的货样广告品，企业负有向外汇管理局差额报告的义务。不报告的法律后果如下：

① 对于因逾期到现场报告的，外汇局审核相关材料无误后，将报告数据录入监测系统；

② 对于企业报告信息错误且严重影响其外汇收支与进出口匹配情况的，可移交外汇检查部门或将其列为 B 类企业。

企业频繁到外汇局现场进行已报告数据修改或删除操作且涉及金额较大的，外汇局要加大对其数据修改和删除操作的审核力度，并可根据报告数据变动对总量核查结果的影响程度。

5. 海关进口增值税专用缴款书用于抵扣的要求

《国家税务总局关于增值税发票管理等有关事项的公告》（国家税务总局公告 2019 年第 33 号）对海关进口增值税专用缴款书如何用于增值税抵扣做出了明确的规定。

（1）增值税一般纳税人取得海关进口增值税专用缴款书（以下简称"海关缴款书"）后如需申报抵扣或出口退税，按以下方式处理。

① 增值税一般纳税人取得仅注明一个缴款单位信息的海关缴款书，应当登录本省（区、市）增值税发票选择确认平台（以下简称"选择确认平台"）查询、选择用于申报抵扣或出口退税的海关缴款书信息。通过选择确认平台查询到的海关缴款书信息与实际情况不一致或未查询到对应信息的，应当上传海关缴款书信息，经系统稽核比对相符后，纳税人登录选择确认平台查询、选择用于申报抵扣或出口退税的海关缴款书信息。

② 增值税一般纳税人取得注明两个缴款单位信息的海关缴款书，应当上传海关缴款书信息，经系统稽核比对相符后，纳税人登录选择确认平台查询、选择用于申报抵扣

或出口退税的海关缴款书信息。

（2）稽核比对结果为不符、缺联、重号、滞留的异常海关缴款书按以下方式处理。

① 对于稽核比对结果为不符、缺联的海关缴款书，纳税人应当持海关缴款书原件向主管税务机关申请数据修改或核对。属于纳税人数据采集错误的，数据修改后再次进行稽核比对；不属于数据采集错误的，纳税人可向主管税务机关申请数据核对，主管税务机关会同海关进行核查。经核查，海关缴款书票面信息与纳税人实际进口货物业务一致的，纳税人登录选择确认平台查询、选择用于申报抵扣或出口退税的海关缴款书信息。

② 对于稽核比对结果为重号的海关缴款书，纳税人可向主管税务机关申请核查。经核查，海关缴款书票面信息与纳税人实际进口货物业务一致的，纳税人登录选择确认平台查询、选择用于申报抵扣或出口退税的海关缴款书信息。

③ 对于稽核比对结果为滞留的海关缴款书，可继续参与稽核比对，纳税人不需申请数据核对。

需要特别留意的是，《国家税务总局关于取消增值税扣税凭证认证确认期限等增值税征管问题的公告》（国家税务总局公告 2019 年第 45 号）规定，从 2020 年 1 月 1 日起，增值税一般纳税人取得 2017 年 1 月 1 日及以后开具的增值税专用发票、海关进口增值税专用缴款书、机动车销售统一发票、收费公路通行费增值税电子普通发票，取消认证确认、稽核比对、申报抵扣的期限。纳税人在进行增值税纳税申报时，应当通过本省（自治区、直辖市和计划单列市）增值税发票综合服务平台对上述扣税凭证信息进行用途确认。

6. 一般纳税人试点

《国家税务总局 财政部 海关总署关于在综合保税区推广增值税一般纳税人资格试点的公告》（国家税务总局公告 2019 年第 29 号，以下简称 29 号公告）将一般纳税人资格试点扩大到全国范围的所有综合保税区。

海关特殊监管区域内的试点企业向境内区外企业销售货物可以开具增值税专用发票，从境内区外企业购进货物也可以取得增值税专用发票，并适用增值税的一般规定，通过销项税抵扣进项税的方式计算应纳增值税。这就改变了以往海关特殊监管区域内企业单一依靠出口的外向型特色。试点前，特殊监管区域内的企业既无法开出增值税专用发票，也无法取得增值税专用发票，在这种情形下，国际市场滞销的货物要返回国内市场面临着现实的困难。

（1）享受政策应当注意的问题

要真正享受到这项政策红利，企业应当注意以下两个方面。

第一，要注意交易对象的身份。 只有海关监管区域内的试点企业才能获得一般纳税人的资格，才能使用增值税专用发票。因此，境内区外的企业在和特殊监管区域内的企业做生意的时候，要确认区内企业是否属于试点企业。如果身份搞错了，境内区外企业的开票行为就会构成虚开增值税专用发票，从而受到税务机关的处罚。

第二，要注意货物的状态。 区外销售给试点企业的加工贸易货物，继续按现行税收政策执行；销售给试点企业的其他货物（包括水、蒸汽、电力、燃气），不再适用出口退税政策，要按照规定缴纳增值税、消费税。依据此规定，境内区外企业一定要对货物进行精准的分类管理。同样是销售给试点企业，加工贸易项下的货物，不可以开具增值税专用发票；一般贸易项下的货物，则可以开具增值税专用发票。

（2）不宜选择一般纳税人试点的综合保税区企业

目前，很多综合保税区内的企业加入了一般纳税人试点的行列，也有一些即将入区的企业在盘算参与试点是否合算。参与一般纳税人试点的好处是显而易见的：开具增值税专用发票，从而参与增值税抵扣。但参与一般纳税人试点并非所有企业都适宜，企业能否享受到政策红利，还需要看自身的生产经营情况。

企业存在以下三种情形的，不宜选择一般纳税人试点。

① 向试点区域内其他试点企业销售货物（未经加工的保税货物除外），由保税变为征税。

根据 29 号公告的规定，企业向试点区域内其他试点企业销售的货物（未经加工的保税货物除外），须向主管税务机关申报缴纳增值税、消费税。从这一规定可以看出，对于那些主要从事保税料件经营的区内企业来说，选择试点可能是不划算的。例如，区内企业甲公司主要保税购进飞机发动机零件，组装后销售给区内试点企业乙公司。如果不选择试点，甲公司销售给乙公司的发动机成品，不需要缴纳增值税；一旦成为试点企业，甲公司与乙公司同为区内试点企业，甲公司就需要缴纳增值税。由于甲公司购进货物处于保税状态，其没有足够的抵扣凭证用于增值税抵扣，因此参加试点后，甲公司的税负会明显增加。

② 向保税区、不具备退税功能的保税监管场所销售的货物（未经加工的保税货物除外），由保税变为征税。

根据 29 号公告的规定，企业向保税区、不具备退税功能的保税监管场所销售的货物（未经加工的保税货物除外），须向主管税务机关申报缴纳增值税、消费税。仍以上述区内企业甲公司为例。如果甲公司的主要客户丙公司在区外其他保税区、不具备退税功能的保税监管场所，则甲公司销售的货物在试点前是保税的，不需要缴纳增值税；在试点后则需要缴纳增值税。丙公司如果从事的是来料加工等业务，则享受的是免税的待遇，并不需要甲公司提供增值税专用发票。在这种情况下，甲公司若参与试点，则仅仅是徒增了交易成本。

③ 保税货物必须折算为料件征税，无法再根据选择性征税政策按照成品征税。

根据 29 号公告的规定，试点企业销售上述货物中含有保税货物的，按照保税货物进入海关特殊监管区域时的状态向海关申报缴纳进口税收，并按照规定补缴缓税利息。

《财政部 海关总署 国家税务总局关于扩大内销选择性征收关税政策试点的通知》（财关税〔2016〕40号）规定："内销选择性征收关税政策是指对海关特殊监管区域内企业生产、加工并经'二线'内销的货物，根据企业申请，按其对应进口料件或按实际报验状态征收关税，进口环节增值税、消费税照章征收。企业选择按进口料件征收关税时，应一并补征关税税款缓税利息。"

参加试点前，企业可以享受选择性征税的待遇；参加试点后，企业会丧失选择的权利，必须按照保税货物进入海关特殊监管区域时的状态向海关申报缴纳进口税收，同时必须按照规定补缴缓税利息。增值税、消费税的征收机关由海关变成了税务局。由此可以看出，是否参与试点，对一些进口料件和成品税率差较大的企业影响较大。以我曾接受的某飞机制造企业的咨询为例。该飞机制造企业参加试点前，所进口的料件都是保税的，内销时可以选择按照飞机完税，关税根据飞机的空载重量享受5%或1%的最惠国税率；参加试点后，该飞机制造企业必须折算为进口料件完税。组装飞机的进口料件关税税率多为 10%。除此之外，该企业还要额外支出一笔缓税利息。

综上所述，综合保税区内的企业是否参加一般纳税人试点，一定要根据自身的交易情况，事先进行财税成本方面的测算，千万不能盲目跟风。

（二）减免税

减免税主要分为两类：法定减免税与特定减免税。

1. 法定减免税

法定减免税是指在法律法规规定的情形下，进出口货物不需要纳税。《中华人民共和国进出口关税条例》（以下简称《进出口关税条例》）第四十五条规定：

"下列进出口货物，免征关税：

（一）关税税额在人民币 50 元以下的一票货物；

（二）无商业价值的广告品和货样；

（三）外国政府、国际组织无偿赠送的物资；

（四）在海关放行前损失的货物；

（五）进出境运输工具装载的途中必需的燃料、物料和饮食用品。

在海关放行前遭受损坏的货物，可以根据海关认定的受损程度减征关税。

法律规定的其他免征或者减征关税的货物，海关根据规定予以免征或者减征。"

法定减免税在实操当中标准明确，相对来说比较简单，进口之后也不存在海关的后续监管，收货人可以自由处分。

2. 特定减免税

与法定减免税不同，特定减免税能否享受，并不取决于纳税人对法律规定的判断，而是必须根据《中华人民共和国海关进出口货物减免税管理办法》（以下简称《海关进出口货物减免税管理办法》）履行法定的手续。同时，特定的减免税货物进口后必须接受海关的后续监管，减免税申请人不得随意处置。

减免税意味着货物进境时无须缴纳或者无须全额缴纳进口环节的税收。正因为如此，减免税属于例外情形，有着严格的适用条件限制。减免税体现了国家对特定进口商品的支持，鼓励进口。例如，科技部、财政部、海关总署、税务总局联合发布的《科研院所等科研机构免税进口科学研究、科技开发和教学用品管理细则》就明确了科研机构享受"十四五"期间支持科技创新进口税收优惠的具体规定，符合条件的科教用品可免税进口。同时应当注意，减免税货物受到海关严格的后续监管，在进口之后的海关监管期内，未经海关同意企业是不能擅自处分进口货物的，否则可能受到海关的行政处罚，甚至引发刑事责任。

《海关进出口货物减免税管理办法》第十四条规定："除海关总署另有规定外，进口减免税货物的监管年限为：船舶、飞机 8 年，机动车辆 6 年，其他货物 3 年。监管年限自货物进口放行之日起计算。除海关总署另有规定外，在海关监管年限内，减免税申请人应当按照海关规定保管、使用进口减免税货物，并依法接受海关监管。"

【案例 1-3】2021 年 11 月 10 日，苏州市某科研院所免税进口用于科研的汽车一辆、用于碰撞测试的传感器假人 5 个，则 2021 年 11 月 10 日—2027 年 11 月 9 日为海关对汽车的监管年限，2021 年 11 月 10 日—2024 年 11 月 9 日为海关对传感器假人的监管年限。在监管年限内，该科研院所必须于每年 6 月 30 日（含当日）以前向苏州海关提交《减免税货物使用状况报告书》，报告减免税货物使用状况。如超过规定期限未提交，海关将按照有关规定将其列入信用信息异常名录。此外，减免税申请人还需根据情况主动申领解除监管证明。

根据《海关进出口货物减免税管理办法》的规定，减免税货物海关监管年限届满的，自动解除监管。减免税申请人可以自减免税货物解除监管之日起 1 年内，向主管海关申领《中华人民共和国海关进口减免税货物解除监管证明》（以下简称《海关进口减免税货物解除监管证明》）。

上述案例中，到 2027 年 11 月 10 日，海关对汽车的监管年限届满，不需要该科研院所提出申请，海关的监管自动解除。监管解除后，该科研院所可以自行处置免税货物，不需要再经海关审核同意。如销售汽车时买家存疑，要求确认该进口汽车已被海关解除监管，则该科研院所可在 2027 年 11 月 10 日—2028 年 11 月 9 日期间向海关申领《海关进口减免税货物解除监管证明》。需要提醒的是，该科研院所如果不主动提出申请，或者逾期提出申请（即 2028 年 11 月 10 日后方才申请），那么海关都将不再签发

《海关进口减免税货物解除监管证明》。具体如图 1-2 所示。

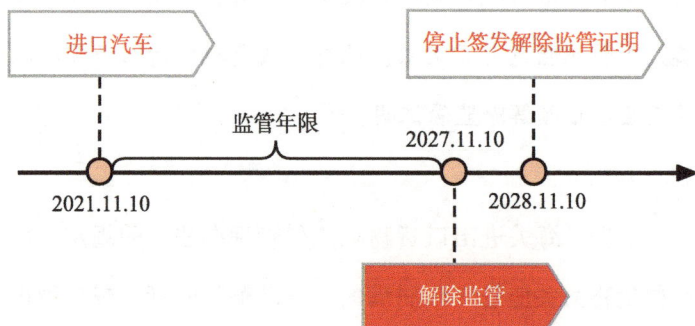

图 1-2　监管年限示例

（三）保税

保税是海关法上一个特定的用语，指的是暂缓征税，最终是否征税取决于货物后续的流向。

1. 综合保税区等海关特殊监管区域（场所）

一批货物申报进入综合保税区，这批货物从进入到离开综合保税区的这段时间，就处于保税状态。在这个阶段内，是否征收税款，需要视企业最终对货物的处置而定。如果企业将货物申报进口进入中国，应当照章纳税；如果企业将货物从综合保税区发往其他国家或地区，则货物享受免税的待遇，中国海关不征收税款。

在税法中，没有保税这个概念。所有的交易行为，要么免税、要么征税、要么不属于应税行为，交不交税在行为发生时就是非常明确的。而在海关法中，保税则是一个非常重要的制度，它为一系列商业活动的开展创造了条件。根据《中华人民共和国海关综合保税区管理办法》，保税具体可以细分为以下业务：

（1）研发、加工、制造、再制造；

（2）检测、维修；

（3）货物存储；

（4）物流分拨；

（5）融资租赁；

（6）跨境电商；

（7）商品展示；

（8）国际转口贸易；

（9）国际中转；

（10）港口作业；

（11）期货保税交割；

（12）国家规定可以在区内开展的其他业务。

综合保税区是最具有代表性的实施保税制度的海关特殊监管区域。下面以上述 12 项保税功能中的商品展示为例进行说明。例如，全国多地举办国际汽车进口展览会。如果没有保税展示，车商必须先缴纳汽车进口环节的税款，再把汽车放在国际会展中心进行展示。这种情形下，汽车在展出期间卖出去了还好，若没有卖出去，车商的损失就大了，不仅车卖不掉，已经缴纳的进口环节税款也无法退税。而有了保税展示之后，情况就不一样了。在获得综合保税区海关出区保税展示的批准后，车商可以在暂不交税的情况下将参展的汽车进口到国内国际会展中心，车辆始终处于海关的监管之下。如果车辆在展出期间售出，车商须缴纳进口环节的税款，办妥海关手续后再将车辆交付给国内购车的消费者；如果车辆始终未成交，在展会结束时，车商可以申请退运，将进口参展的车辆安排出口。这种情况下，车商只需要按照规定办妥"一进一出"的进出口海关手续即可，不需要缴纳进口环节的税款。对于车商来说，保税展示降低了财务负担和财务风险，车辆的国际展示业务也因为保税而变得更加具有商业价值。

除了保税展示，其他的保税功能道理也相同，核心在于延缓税款的缴纳期限。保税可能发生在海关特殊监管区域内，也有可能发生在特殊监管区域外。

2. 加工贸易

在综合保税区等海关特殊监管区域（场所）之外，也有可能开展保税业务，如加工贸易。与一般贸易相比，加工贸易设立的初衷比较特殊。在一般贸易中，进口货物进入中国后通常不再做离开中国的进一步打算；而在加工贸易中，进口货物在进口时就是以再次出口为目的的，也就是大家常常听说的"两头在外"。例如，深圳的加工贸易企业可以进口三文鱼片，加工为三文鱼罐头后再出口到境外。三文鱼片来源于境外，最终又出口到境外，这就是"两头在外"的由来。进一步分类的话，加工贸易又可以分为来料加工和进料加工。来料加工和进料加工最大的区别在于，加工贸易取得进口货物是否需要付汇，如果不需要付汇，由境外企业免费提供，就属于来料加工；如果需要付汇购买，则属于进料加工。例如，若三文鱼片由境外 A 企业免费提供，深圳企业加工成三文鱼罐头后仍然出口给境外 A 企业，并向 A 企业收取加工费，这就属于典型的来料加工；若三文鱼片由境外 A 企业卖给深圳企业，深圳企业需要向

A 企业支付外汇，则属于典型的进料加工。在进料加工中，如果依据合同，深圳企业只能将三文鱼罐头卖给 A 企业，那么属于进料对口；如果深圳企业可以将三文鱼罐头卖给任意一家境外企业，则属于进料非对口。具体如图 1-3 所示。

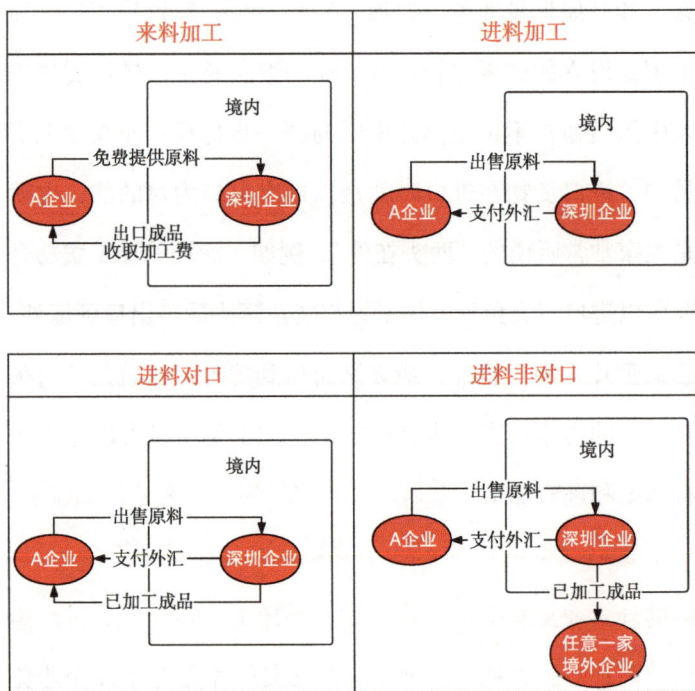

图 1-3　加工贸易的不同业务模式

实务中，企业要准确鉴别自身的业务模式，是来料加工还是进料加工，对海关、税务、外汇合规均有着重大影响。

　　在整个加工贸易的过程中，三文鱼片就属于保税货物，从进入加工场地到作为三文鱼罐头出口，均不需要向海关缴纳任何税款。海关通过单耗制度实施管理。例如，1千克三文鱼片能制作2盒三文鱼罐头，则企业进口1 000千克三文鱼，只要出口2 000盒罐头，就可以把海关账册做平，也就是我们常说的海关手册的核销。当然，顺利核销对企业的关务水平是一个重大考验。假如三文鱼因为保管不善贬值、被盗，或者擅自销售给其他企业，则加工贸易企业均面临着补缴税款与行政处罚的法律责任。

3. 暂时进出境货物

　　暂时进出境也是一种特殊的保税制度。《进出口关税条例》第四十二条规定："经海关批准暂时进境或者暂时出境的下列货物，在进境或者出境时纳税义务人向海关缴纳相当于应纳税款的保证金或者提供其他担保的，可以暂不缴纳关税，并应当自进境或者出境之日起6个月内复运出境或者复运进境；经纳税义务人申请，海关可以根据海关总署的规定延长复运出境或者复运进境的期限：

　　（一）在展览会、交易会、会议及类似活动中展示或者使用的货物；

（二）文化、体育交流活动中使用的表演、比赛用品；

（三）进行新闻报道或者摄制电影、电视节目使用的仪器、设备及用品；

（四）开展科研、教学、医疗活动使用的仪器、设备及用品；

（五）在本款第（一）项至第（四）项所列活动中使用的交通工具及特种车辆；

（六）货样；

（七）供安装、调试、检测设备时使用的仪器、工具；

（八）盛装货物的容器；

（九）其他用于非商业目的的货物。

第一款所列暂准进境货物在规定的期限内未复运出境的，或者暂准出境货物在规定的期限内未复运进境的，海关应当依法征收关税。

第一款所列可以暂时免征关税范围以外的其他暂准进境货物，应当按照该货物的完税价格和其在境内滞留时间与折旧时间的比例计算征收进口关税。具体办法由海关总署规定。"

例如，2023 年，上海组织一场大型的国际赛马比赛，包括赛马在内的所有比赛物资都需要从国外进口。这就可以考虑以暂时进出境货物向海关申报，包括赛马在内的所有比赛物资自进境之日起 6 个月内复运出境，海关不征收任何税款。如果比赛时间比较长，或者赛马受伤了需要在中国治疗，无法自进境之日起 6 个月内复运出境，则纳税义务人应当根据海关总署的规定向海关办理延期手续。如果自进境之日起 6 个月内未复运出境，又没有向海关办理延期手续，则纳税义务人就需要缴纳进口税款了。

需要注意的是，以上的保税仅针对上述《进出口关税条例》第四十二条所列的暂时进出境货物，所列范围以外的其他暂时进出境货物，海关按照审定进出口货物完税价格的有关规定和海关接受该货物申报进出境之日适用的计征汇率、税率，审核确定其完税价格、按月征收税款，或者在规定期限内货物复运出境或者复运进境时征收税款。

三、跨境电商中的税收问题

跨境电商是众多进出口贸易方式当中的一种。跨境电商设立的初衷，是为了在一般贸易的基础上调剂余缺，满足部分消费者个性化的需求。

（一）跨境电商进口施行正面清单管理

根据规定，跨境电商零售进口商品应属于《跨境电子商务零售进口商品清单》内、限于个人自用并满足跨境电商零售进口税收政策规定的条件。《跨境电子商务零售进口商品清单》是按照商品编码进行监管的，因此确定商品编码至关重要。实务中，常常有企业因为商品编码发生错误，而导致在经营活动中出现违规行为。

【案例 1-4】福建 A 供应链管理有限公司（以下简称 A 公司）于 2019 年 11 月至 2020 年 4 月，以商品编码 9504901000（其他电子游戏机）、保税电商方式共向福州海关申报进口游戏机入保税监管区共计 36 票（8 633 台）。经海关核查，这批货物应按"其他视频游戏设备"归入商品编码 9504509900，属于《跨境电子商务零售进口商品清单》外商品，不能通过跨境电商渠道进口。

经调取中国（福建）国际贸易单一窗口的数据并进

行统计，A 公司使用商品编码 9504901000 完成一线出区订单涉及的申报订单量为 8 546 票，销售游戏机总数量为 8 608 台，完税申报总价约为 1 098 万元人民币，已征增值税约为 100 万元。经计核，上述 8 608 台游戏机应缴税款约为 132 万元，漏缴税款约为 32 万元。海关对于 A 公司的上述行为做出了如下行政处罚。

（1）商品编码申报不实，影响海关统计准确性，行为违反了《中华人民共和国海关法》第二十四条第一款之规定，构成了违反海关监管规定的行为，决定对 A 公司科处罚款人民币 1 000 元。

（2）商品编码申报不实的行为影响了国家税款征收，行为违反了《中华人民共和国海关法》第二十四条第一款之规定，构成违反海关监管规定的行为，决定对 A 公司科处罚款人民币 10.6 万元。

共计罚款人民币 10.7 万元。

（二）消费者可以享受的跨境电商税收优惠

对于消费者来说，跨境电商在税收上的优惠对其具有极大吸引力。根据财关税〔2018〕49 号文的规定，目前跨境电子商务零售进口商品的单次交易限值为 5 000 元，年度交易限值为 26 000 元。在限值以内进口的跨境电子商务零售进口商品，关税税率暂设为 0；进口环节增值税、消费税取消免征税额，暂按法定应纳税额的 70% 征收。完税价格超过 5 000 元单次交易限值但低于 26 000 元年度交易限值，且订单下仅一件商品时，可以自跨境电商零售渠道进口，按照货物税率全额征收关税和进口环节增值税、消费税，交易额计入年度交易总额，但年度交易总额超过年度交易限值的，应按一般贸易管理。

需要注意的是，跨境电商的税收优惠是有条件的，消费者买来的东西只能自己消费使用，不能进行转卖牟利。否则，如果数量超过法律的规定，可能会面临走私犯罪的风险。

（三）综试区内跨境电商企业税收优惠

目前，国家税务总局、海关总署等相关部门出台了一系列支持跨境电商综合试验区（下称"综试区"）发展的政策措施。对于跨境电商行业内的企业而言，梳理并准确把握与自身相关的税收政策，做好税务合规，对用好政策红利具有重要意义。鉴于跨境电商相关税收政策的复杂性，企业可先从商业身份、进出口方向以及纳税人身份三个视角来判断自身所处的税收地位，再据此厘清自身所对应的税收政策。

1. 商业身份

在跨境电商交易中，按照商业身份，可以将跨境电商企业划分为跨境电商平台企业、跨境电商商务企业、跨境电商物流企业、跨境电商支付企业、监管场所运营企业。市场主体能够享受哪种税收优惠政策，首先取决于自身的商业身份。目前，综试区内只有经营出口业务的跨境电商商务企业享有较多的税收优惠（进口商品消费者个人也享有较多的税收优惠），其他商业身份的主体，暂时没有特殊的税收优惠政策，适用与区外企业相一致的税收征管政策。

综试区内的跨境电商商务企业是指在跨境电商平台开设店铺、销售货物的企业。目前其可享受的主要税收优惠政策为企业所得税核定征收政策。该政策依据为《国家税务总局关于跨境电子商务综合试验区零售出口企业所得税核定征收有关问题的公告》（国家税务总局公告

2019 年第 36 号，以下简称 36 号公告）。根据 36 号公告的相关规定，综试区内按照核定征收方式缴纳企业所得税的跨境电商企业，应准确核算收入总额，并采用应税所得率方式核定征收企业所得税额，应税所得率统一按照 4% 确定。

2. 进出口方向

同样是跨境电商商务企业，依据其经营的是出口业务还是进口业务，所享受的税收优惠是不同的。整体来看，为了鼓励外贸出口，目前相关税收政策的优惠更向从事出口业务的跨境电商商务企业倾斜。

3. 纳税人身份

由于目前的综试区均是在海关的综合保税区内，因此综试区内跨境电商企业的税负也会受到与综合保税区有关的税收政策的影响。综试区内的跨境电商企业除了从事境外业务，还会与境内的企业开展业务活动。以前，综合保税区内的企业不可以开具增值税专用发票，这就导致综合保税区外的企业向综合保税区内的企业购进货物时，无法抵扣增值税。2019 年，《国家税务总局 财政部 海关总署关于在综合保税区推广增值税一般纳税人资格试点的公告》（国家税务总局公告 2019 年第 29 号，以下简称 29 号公告）出台。根据 29 号公告的相关规定，综试区内的跨境电商企业也可以选择参加一般纳税人试点。

需要注意的是，在参加试点之前，综试区内的企业可以享受选择性征税的待遇。在参加试点之后，综试区内的企业必须按照保税货物进入海关特殊监管区域时的状态向海关申报缴纳进口税款，同时必须按照规定补缴缓税利息。保税货物折算为料件征税，就无法再根据选择性征税政策按照成品征税。这一变化对一些进口料件和成品税率差较大的企业来说，会产生较大影响，企业对该变化需要提前了解到位。

（四）跨境电商经营企业促销优惠中的海关与税务合规要点

价格战在商业竞争中很常见。例如，在网店交易中，存在买一根鞋带 1.5 元还包邮的情况。这个套路跨境电商经营企业能用吗？卖多少钱企业说了算吗？下面介绍跨境电商经营企业促销优惠中应当注意的海关与税务合规要点。

第一，跨境电商经营企业应当兼顾海关与税务监管的价格底线。

与一般贸易相比，海关对跨境电商经营企业定价的监管较为宽松。根据海关的规定，对优惠促销价格的认定原则为，以订单价格为基础确定完税价格，订单价格原则上不能为零。所以，只要交易是真实的，即使你买到的是1.5元的奶粉，海关也不会干预，会将1.5元作为完税价格计征税款。但税务另有规定，对申报的计税依据明显偏低又无正当理由的，税务机关有权核定征收企业所得税。因此，综合考虑海关与税务的合规性，跨境电商经营企业申报的订单价格建议不要低于成本。通俗来讲，企业不应该做亏本生意。

第二，跨境电商经营企业是否可以与消费者约定"包税"。

消费者是跨境电商交易中的纳税义务人，跨境电商经营企业是代扣代缴义务人。从缴税便捷性来看，实际交易中的税款基本上都是由跨境电商经营企业代消费者缴纳的。只要税款金额正确，对于税款在企业与消费者之间如何分摊，是否"包税"，海关是不干预的。

例如，一双运动鞋，完税价格申报为 1 000 元，税款 91 元（跨境电商关税税率为 0；增值税税率为 13%×70%，即 9.1%）。跨境电商经营企业代消费者向海关缴纳 91 元税款后，海关即正常放行。如果跨境电商经营企业为了降低所包的税款而降低申报价格，如前所述，只要交易真实，海关应当接受申报，企业更多地应当留意税务机关调整价格的风险。同时，税务机关对价格的调整，不应引发海关对已放行货物价格的联动调整，因为海关与税务机关的审价标准是不同的。

在海关接受"包税"的原则下，企业应当关注具体的"包税"方式。常见的"包税"方式有以下两种，海关的接受程度可能存在差异。

（1）直接约定"包税"，如一双运动鞋 1 000 元（含税），这等于是企业代替消费者承担了 91 元的税款。这种做法在海关合规方面没有问题，企业只要按照 1 000 元的订单价格缴纳 91 元税款即可。但从税务方面来看，企业代垫的 91 元不应纳入企业所得税的税前扣除范围，因为不符合税前扣除所要求的相关性。

（2）发放优惠券，消费者在实际支付时，凭优惠券抵减 91 元的税款。这种做法可能会产生漏缴税款的风险。税管函〔2016〕73 号文件规定："在订单支付中使用电商代金券、优惠券、积分等虚拟货币形式支付的'优惠减免金额'，不应在完税价格中扣除，应以订单价格为基础确定完税价格。"据此，91 元应该计入完税价格，由海关补征税款。在税务方面，企业参照商业折扣的方式处理，以实际收取的款项确认销售收入。

第三，促销优惠是否可以仅仅针对老用户或者会员进行。

从海关的监管规定来看，这种做法将导致完税价格的调整。税管函〔2016〕73 号文件规定："对直接打折、满减等优惠促销价格的认定应遵守公平、公开原则，即优惠促销应是适用于所有消费者，而非仅针对特定对象或特定人群的，海关以订单价格为基础确定完税价格。"如果商家仅仅针对老用户或者会员提供折扣，如只有会员才能够享受 1 000 元运动鞋打八折的优惠，则海关不接受折扣后的价格，将统一按照 1 000 元确定完税价格。在税务方面，企业可参照商业折扣的方式处理，以实际收取的款项确认销售收入。税法上的折扣优惠可以仅针对特定人群开展，并没有海关政策中优惠促销应适用于所有消费者的要求。

（五）跨境电子商务出口退运商品的税收政策

2023 年 1 月 30 日，《财政部 海关总署 税务总局关于跨境电子商务出口退运商品税收政策的公告》（财政部 海关总署 税务总局公告 2023 年第 4 号，以下简称 4 号公告）发布，对跨境电子商务出口退运商品的税收政策做出了明确。

海关统计调查显示，2021 年我国跨境电商进出口规模约 19 237 亿元。其中，出口约 13 918 亿元，进口约 5 319 亿元。在 13 918 亿元的出口体量中出现退运是非常正常的事情。导致退运的原因很多，如滞销、退货、不符合进口国检验检疫标准、主动召回等。在 4 号公告出台之前，对于跨境电子商务出口退运商品的税收政策缺乏明确的规定，退运的货物进入中国境内时，需要缴纳关税与进口环节的增值税、消费税。

1. 政策规定

（1）适用条件

4 号公告的适用范围有着严格的限定条件，主要体现在以下四个方面。

一是适用时间，仅适用于公告印发之日起 1 年内。可以看出，4 号公告仍是一个试验性的政策，还没有常态化。

二是监管条件，仅适用于在跨境电子商务海关监管代码（1210、9610、9710、9810）项下申报出口的商品。

三是退运原因，仅适用于因滞销、退货原因产生的退运。滞销、退货是仅有的两种情形，4 号公告未设定其他兜底情形。

四是退运时间与退运状态，仅适用于自出口之日起 6 个月内原状退运进境的商品（不含食品）。"原状退运进境"是指出口商品退运进境时的最小商品形态应与原出口时的形态基本一致，不得增加任何配件或部件，不能经过任何加工、改装，但经拆箱、检（化）验、安装、调试等仍可视为"原状"；退运进境商品应未被使用过，但对于只有经过试用才能发现品质不良或可证明被客户试用后退货的情况除外。其中，监管代码 1210 项下的出口商品，应自海关特殊监管区域或保税物流中心（B 型）出区离境之日起 6 个月内退运至境内区外。

（2）海关税收政策

符合4号公告适用条件的商品，免征进口关税和进口环节增值税、消费税，出口时已征收的出口关税准予退还。

（3）税务机关税收政策

符合4号公告适用条件的商品，出口时已征收的增值税、消费税参照内销货物发生退货的有关税收规定执行。

（4）办理流程

企业应当提交出口商品申报清单或出口报关单、退运原因说明等能够证明该商品确为因滞销、退货而退运进境的材料，并对材料的真实性承担法律责任。对因滞销退运的商品，企业应提供"自我声明"作为退运原因说明材料，承诺为因滞销退运；对因退货退运的商品，企业应提供退货记录（含跨境电子商务平台上的退货记录或拒收记录）、返货协议等作为退运原因说明材料。海关据此办理退运免税等手续。其中，已办理出口退税的，企业还应当按现行规定补缴已退的税款。企业应当凭主管税务机关出具的《出口货物已补税/未退税证明》，申请办理免征进口关税和进口环节增值税、消费税，退还出口关税手续。

（5）法律责任

企业存在偷税、骗税等违法违规行为的，按照国家有关法律法规等规定处理。

2.合规建议

（1）是否退运要先算好经济账

企业在安排退运之前，一定要算好经济账，看看选择退运的商品是否符合4号公告的适用条件、企业能否提供规定的佐证材料。如果经过计算之后，发现退运还没有在境外处理划算，那么企业可以选择直接在境外处理，而不是退运。

（2）关注物流动态

4号公告的适用，对企业的供应链提出了具体的要求，即必须自出口之日起6个月内原状退运进境。这就要求企业在供应链上做出高效的安排。因为从出口之日到境外消费者选择退货需要一定的时间，所以严格来讲，留给企业收妥退货商品、完成退运安排的时间往往不到6个月，时间还是比较紧张的。除了时间上的紧迫性，原状退运还要求商品在退运过程中尽量保持出口时的原状，避免在退运过程中产生二次损坏。最后，监管代码1210项下的出口商品，应自海关特殊监管区域或保税物流中心（B 型）出区离境之日起 6 个月内退运至境内区外。监管代码 1210 项下的出口商品，仅仅退运至海关特殊监管区域或保税物流中心（B 型），是不符合 4 号公告的物流要求的，必须退运至境内区外。

（3）增强合规意识

4 号公告明确，企业存在偷税、骗税等违法违规行为的，按照国家有关法律法规等规定处理。跨境电子商务同时涉及海关与税务机关征收的税款，违规操作的有可能引发刑事风险，触犯走私普通货物罪、逃税罪及骗取出口退税罪。因此，跨境电子商务企业要给予高度重视，严格按照 4 号公告的规定执行。

四、海南自由贸易港中的税收政策

2021 年 6 月 1 日，《中华人民共和国海南自由贸易港法》（以下简称《海南自由贸易港法》）颁布并实施，海南全岛预计将于 2025 年前完成封关运作。在封关运作之前，海南岛已经出台了一系列税收优惠政策，下面重点介绍与进出口相关的税收政策。

（一）海南原辅料"零关税"新政

财政部、海关总署、税务总局于 2020 年 11 月 11 日联合发布《关于海南自由贸易港原辅料"零关税"政策的通知》（财关税〔2020〕42 号，以下简称 42 号通知）。

根据中共中央、国务院印发的《海南自由贸易港建设总体方案》，海南的税收政策分两步推进：零关税，全岛封关运作前，对部分进口商品，免征进口关税、进口环节增值税和消费税；全岛封关运作、简并税制后，对进口征税商品目录以外、允许海南自由贸易港进口的商品，免征进口关税。

1. 封关运作前与封关运作后的政策区别

42 号通知的内容就是《海南自由贸易港建设总体方案》分两步走中的第一步，在海南全岛封关运作之前的过渡性政策。海南全岛封关运作前与封关运作后的政策区别在于以下两点。

（1）清单类型不同。封关运作前施行正面清单管理，只有列入清单的货物才能享受"零关税"政策；封关运作后施行负面清单管理，目录之外的货物均可以享受"零关税"政策。

（2）税收优惠的力度不同。封关运作之前，清单内货物进入一线，也就是进入海南岛时，免征进口关税、进口环节增值税和消费税；封关运作之后，目录外货物进入一线，也就是进入海南岛时，仅规定免征进口关税，对进口环节增值税和消费税尚未有明确规定。

2. "零关税"的适用条件

根据 42 号通知，"零关税"在试点期间的条件是非常严格的，具体如下。

（1）货物必须在正面清单之内，包括椰子等农产品、煤炭等资源性产品、二甲苯等化工品及光导纤维预制棒等原辅料，以及飞机、其他航空器和船舶维修零部件共 169 项 8 位税目商品被列入清单。清单引入了税则号列进行管理，对此企业必须熟悉和了解海关的归类规则，以免因归类引发税收争议。

（2）货物必须用于生产自用。这就要求企业在进口时准确判断货物的流向，不要朝令夕改。例如，原计划生产自用的货物申报"零关税"后又改为转售的，这时就必须向海关申报并办理补税手续，否则可能有走私风险。原计划转售申报纳税后又实际用于生产自用的，按照42号通知的规定，已经缴纳的税款无法申请退还。企业进口正面清单所列原辅料，自愿缴纳进口环节增值税和消费税的，可在报关时提出申请，但缴纳之后不可申请退税，因为这属于自愿行为。

（二）海南自由贸易港自用生产设备"零关税"

2022年2月14日，《财政部 海关总署 税务总局关于调整海南自由贸易港自用生产设备"零关税"政策的通知》（财关税〔2022〕4号，以下简称4号通知）发布并实施。

4号通知的主要内容是全岛封关运作前，在海南自由贸易港注册登记并具有独立法人资格的企业及事业单位，进口《财政部 海关总署 税务总局关于海南自由贸易港自用生产设备"零关税"政策的通知》（财关税〔2021〕7号）清单项下的商品，免征关税、进口环节增值税和消费税。

过山车，旋转木马、秋千和旋转平台，碰碰车，运动模拟器和移动剧场，水上乘骑游乐设施，水上乐园娱乐设备，其他游乐场乘骑游乐设施和水上乐园娱乐设备，游乐场娱乐设备共 8 项商品，自 2022 年 2 月 14 日起，增加列入财关税〔2021〕7 号文件所指的自用生产设备。

4 号通知的核心内容在于以下两点。

（1）增加了自用生产设备的种类。如果单从文义来看，上述 8 项商品均是娱乐设施，是否属于生产设备在执行过程中可能会存在争议，而 4 号通知明确的列举式规定，排除了实操当中可能出现的争议。

（2）将事业单位纳入享受税收优惠的范畴中。根据财关税〔2021〕7 号文件，只有企业才能够享受"零关税"政策。事业单位不从事生产活动，进口商品不能享受自用生产设备"零关税"政策。4 号通知则有了突破，规定在海南自由贸易港注册登记并具有独立法人资格的事业单位，也可以享受"零关税"政策。

海南自由贸易港的财税政策随着经济形势的发展不断做出调整。相关企业要享受改革的红利，就必须实时关注改革的信息，做好充分的应对准备。具体来说，企业在后续的不断调整中，一定要以税则号列作为判断能否享受"零关税"政策的依据。4号通知备注对此写得很清楚，"注：1.税则号列为《中华人民共和国进出口税则（2022）》的税则号列。2.商品名称仅供参考，具体商品范围以《中华人民共和国进出口税则（2022）》中的税则号列对应的商品范围为准。"

这个写在4号通知附件备注中的内容可能并未引起大多企业的重视，但它却与合规经营息息相关，企业稍有不慎，就可能会出现问题。

第一，税则号列会发生变化。税则号列处在周期性的调整当中，通常每年调整一次，所以要以当年的《进出口税则》为准。有的时候，个别税则号列在年中也会做出临时调整。4号通知以2022年《进出口税则》的税则号列作为认定依据，但后续这些税则号列可能会发生变动。企业进口的货物从名称与实物上看与2022年一样，但税则号列可能已经发生了改变。因此，在后续的经营活动中，企业必须留意税则号列的变动。通常，海关总署会发出公告，明确税则号列发生变动时政策适用上的衔接问题。

第二，企业要注意供应链与海关归类规则的协同。4

号通知写得很清楚，海关的管理以税则号列为依据，商品名称仅供参考。这就要求相关企业熟悉海关归类规则。以4号通知为例。4号通知的8项商品中，有很多大型成套设备。这些大型成套设备在供应链的安排上，往往会出现海关归类上的问题。例如，税则号列为95082100的过山车，通常是通过海运，将所有的部件拆散后运输，到了进口地点再进行组装。由于这些大型设备体积庞大、设备众多，因此在运力紧张时可能无法一次性装船，需要分装在多艘不同的船舶上。这些分批到港的过山车组件，就无法享受"零关税"政策。原因在于，虽然最终组装的成品是过山车，但海关的归类是以每一批货物的报验状态为准的。要归入95082100的过山车，原则上所有的组件必须由同一艘船舶运输入境。

最后需要注意的是，无论4号通知还是财关税〔2021〕7号文件，都只是一个过渡性的政策，仅适用于海南自由贸易港封关之前。根据《海南自由贸易港建设总体方案》，海南自由贸易港最迟将于2025年之前封关运行。全岛封关运作、简并税制后，对进口征税商品目录以外、允许海南自由贸易港进口的商品，免征进口关税。

（三）洋浦保税港区加工增值内销货物免关税

2020 年 6 月 3 日，海关总署发布《关于发布〈中华人民共和国海关对洋浦保税港区监管办法〉的公告》（海关总署公告 2020 年第 73 号，以下简称 73 号公告）。其中办法第四条规定："对区内鼓励类产业企业生产的不含进口料件或含进口料件在洋浦保税港区加工增值超过 30%（含）的货物，出区进入境内区外销售时，免征进口关税，照章征收进口环节增值税、消费税，相关办法另行制定。"

2021 年 7 月 8 日，《海关对洋浦保税港区加工增值货物内销税收征管暂行办法》（署税函〔2021〕131 号）颁布实施，该办法在 73 号公告已有规定的基础上，对加工增值内销货物免关税的执行口径做出了进一步的细化规定。由此，在海南自由贸易港的内部，又出现了洋浦保税港区这样一个先行先试的特区中的特区，相关财税政策也变得越来越复杂。

1. 为什么会有这样的政策

加工增值内销货物免关税是一项非常独特的政策。举例来讲，大致的意思是，7块钱的零件从境外买进来，在洋浦保税港区内组装成玩具，超过10块钱一个卖到了中国海南岛以外的地区，这超过10块钱的玩具在跨越琼州海峡时，可以不缴纳关税，但是增值税和消费税还是要交的。相比之下，如果7块钱的零件从境外买进来，在其他综合保税区区内组装成同样的玩具，则必须缴纳关税，只是可以选择按照零件缴纳或按照玩具缴纳。

这种增值活动必须是"真枪实弹"的，仅经过掺混、更换包装、分拆、组合包装、削尖、简单研磨或简单切割等一种或多种微小加工或者处理的，不得享受免征进口关税政策。这就要求企业在洋浦保税港区，无论是基建还是人员，都要有真实的投入。

2. 哪些企业获利最大

同行不同利，同一条财税政策对不同的企业影响是不一样的。进口关税越高，加工增值内销货物免关税政策的红利也就越大。例如，摩托车的关税为45%，而"摩托车整车及重要零部件制造"又属于海南自由贸易港新增鼓励类产业。在洋浦保税港区投资摩托车厂，对进口摩托车配件进行加工组装，增值率达到30%，销往境内区外时就可以省下 45% 的关税。

但是，对于一些特殊的产品，如药品，其已经享受了"零关税"的待遇，则在哪里进口实际上都是一样的。对于其他一些低关税的产品来说，影响也不大，如税则号列品目 3304 项下的化妆品，部分关税税率为 1%。加工增值内销货物免关税政策并非天上掉馅饼，企业前期需要投入，是有成本的。这种前期投入与 1% 的免税相比，哪个更划算，只能由企业根据自己的经营情况自行测算，并没有标准答案。

3. 合规风险

对于企业来说，合规风险主要在于料件的串换，也就是业内常说的串料。

《海关对洋浦保税港区加工增值货物内销税收征管暂行办法》按照料件的来源不同，划分了三种征税方式，即增值率超过或达到 30% 的免关税、增值率不足 30% 的选择性征收关税、完全不使用进口料件的则按照报验状态征税。因此，要搞明白如何缴纳税款，企业必须清楚料件的来源，如组装玩具的油漆可能既有进口的，又有国内的，如果分不清，则可能会受到海关的行政处罚，严重的还有可能被追究刑事责任。

更应当注意的是，海关对企业的合规水平提出了越来越高的要求。根据《中华人民共和国海关对洋浦保税港区监管办法》第十七条："海关不要求区内企业单独设立海关账册，但区内企业所设置、编制的会计账簿、会计凭证、会计报表和其他会计资料，应当真实、准确、完整地记录和反映有关业务情况，能够通过计算机正确、完整地记账、核算的，对其计算机储存和输出的会计记录视同会计资料。"

也就是说，海关不再提供统一的模板，只关注合规的结果。企业可以自行选择财务软件，只要能把自己的账弄清楚，经得住审查即可。这对于一些习惯了国内贸易的企业来说，一下子变得如此精细，可能并不适应。

2021年12月30日，《海关总署关于扩大洋浦保税港区政策制度适用范围的公告》（海关总署公告2021年第120号）明确规定："海关总署公告2020年第73号（关于发布〈中华人民共和国海关对洋浦保税港区监管办法〉的公告）、海关总署公告2020年第109号（关于洋浦保税港区统计办法的公告）等公告适用海口综合保税区和海口空港综合保税区。上述公告如有修订，同步适用。"这就意味着，洋浦保税港区加工增值内销货物免关税适用范围扩大至海口综合保税区和海口空港综合保税区。

02

第二章

海关征税的技术问题

商品归类、商品估价与原产地判定是海关征税的三大技术问题。企业要准确计核税款的金额，就必须对商品进行正确归类，确认商品编码、完税价格与原产地。

一、商品归类

（一）商品编码是确定海关监管条件的基础

《中华人民共和国海关进出口货物商品归类管理规定》（以下简称《海关进出口货物商品归类管理规定》）明确了进出口货物商品的归类，这为进出口企业确定商品编码提供了重要依据。

1. 商品编码是海关监管的基础

在进出口活动中，商品编码是海关监管的基础，也是进出口企业合规开展关务活动的基础。进出口企业确定进出口货物的商品编码后，方可进一步确定适用税率和监管要求。实务中，一些初涉对外贸易领域的企业，就因没有关注国内贸易与对外贸易的差别，未意识到准确认定商品编码的重要性，从而引发了严重的法律责任。

【案例 2-1】从事废钢铁贸易的甲企业深耕国内市场，将回收的废钢铁销售给国内的钢厂，买卖双方凭经验验货，根据重量结算价款。后因国内钢铁产能过剩，钢厂减产，甲企业被迫转型，将废钢铁出口到境外。由于此前没有对外贸易经验，甲企业采用"包通关"方式出口，即企业委托报关行办理出口手续。报关行向海关申报的商品编码由企业指定，不负责核实商品编码的准确性。实际操作中，甲企业随意确定一个商品编码由报关行向海关申报。后因商品编码错误涉嫌偷逃出口关税，甲企业的负责人被判处有期徒刑十年。

不难看出，甲企业的做法违反了海关法。在国内贸易中，企业可以不了解废钢铁中碳的含量，交易时可以不区分到底是废钢还是废铁。而在对外贸易中，废钢铁只是一个笼统的概念，海关无法仅依据这个名称实施监管。甲企业必须进一步明确废钢铁的形状、材质、成分含量、碳含量、来源、用途、粒度以及截面形状等归类要素，并对照归类要素，确定废钢铁的商品编码。例如，按重量计含碳量在 0.25% 以下、矩形（包括正方形）截面，宽度小于厚度两倍的，归入 72071100（宽度小于厚度两倍的矩形截面钢坯）；宽度在 600 毫米及以上的铁或者非合金钢平板轧材，经冷轧，但未经包覆、镀层或涂层，厚度在 3 毫米及以上，屈服强度大于 355 牛顿 / 平方毫米（卷材，除冷轧外未经进一步加工）的，归入 72091510（宽度≥ 3mm 的大强度冷轧卷材）。

2. 正确归类是进出口企业的法定义务

需要说明的是，正确进行商品编码归类是进出口企业的法定义务，而不是海关的义务。虽然商品编码的归类管理有一定的难度，但是企业要从事进出口交易，就得认真履行准确归类的义务，承担未准确归类的法律责任。

特别需要强调的是，每一个作为收发货人的企业，其确定商品编码的义务都是独立的，必须根据进出口货物的具体情况判定，不能试图"抄近道"。最常见的情况是，企业人云亦云，直接根据其他企业的做法确定商品编码。例如，一些企业直接借鉴其境外客户出口所用商品编码，确定其进口时需要向中国海关申报的商品编码。这种做法风险很大。不同国家的商品编码规则在适用中存在差异，且一国确定的商品编码对另一国海关没有法定拘束力。企业不考虑中国海关的归类规定，而是直接以境外出口商的商品编码申报，是没有法律依据的，可能会申报错误，会因此面临申报不实的行政处罚。

总之，进出口企业不能将商品编码的申报完全发包给报关行，更不能被动地等待海关指出商品编码申报错误，而应配备经验丰富的关务人员，最大限度降低归类风险。此外，企业如对商品编码确有疑问，可以向海关提出归类预裁定申请，由直属海关做出商品编码认定。

3. 顺利结关 ≠ 商品编码归类正确

还需要注意的是，顺利结关并不意味着商品编码归类正确。在现有的通关模式下，为了尽可能提高通关效率、压缩通关时间，绝大多数报关单由计算机进行审单作业，只要逻辑上没有明显问题，会快速放行。这就令一些企业误认为，只要货物结关放行，就意味着海关认可企业申报的内容。这种误解，会给企业带来一定风险。

【**案例 2-2**】海关对乙企业 2021 年进口货物报关单填

报的商品编码表示质疑。乙企业抗辩称："不仅是 2021 年，本企业 2020 年的报关单也是如此填报的；不仅是本企业，其他兄弟公司从母公司进口的同类货物也是如此申报的。既然海关以前没有质疑，就表示企业申报的商品编码是正确的，海关无权质疑本企业 2021 年进口货物的商品编码。"

这种抗辩，对于解决企业的问题没有任何帮助。企业的抗辩，应当立足于当下被质疑的进出口货物与海关的归类规则，而不能立足于本企业或者其他企业以往的通关经验。

（二）商品编码错误有可能同时引发检验检疫法律责任

在传统的海关业务中，归类错误引发的法律责任通常是补税和罚款。罚款金额通常依据《中华人民共和国海关行政处罚实施条例》（以下简称《海关行政处罚实施条例》）第十五条第四项所列的因申报不实影响国家税款征收的行为确定，处漏缴税款百分之三十以上二倍以下罚款。

但随着关检融合，商品编码的申报错误可能同时引发违反《中华人民共和国进出口商品检验法》(以下简称《进出口商品检验法》)的法律责任。某一商品是否必须实施检验的判定标准是其商品编码是否在法检目录内，企业如果搞错了商品编码，就可能会把一个法检商品按照非法检商品进行申报，这种行为可能会被认定为违反《进出口商品检验法》。

根据《进出口商品检验法》第三十二条："违反本法规定，将必须经商检机构检验的进口商品未报经检验而擅自销售或者使用的，或者将必须经商检机构检验的出口商品未报经检验合格而擅自出口的，由商检机构没收违法所得，并处货值金额百分之五以上百分之二十以下的罚款；构成犯罪的，依法追究刑事责任。"

可以看出，商品编码申报错误，有可能同时导致两个违法行为的产生，既漏缴了税款，又未履行商检义务。参照《海关行政处罚实施条例》的规定，海关可能从一重处罚。

《海关行政处罚实施条例》第五十一条规定："同一当事人实施了走私和违反海关监管规定的行为且二者之间有因果关系的，依照本实施条例对走私行为的规定从重处罚，对其违反海关监管规定的行为不再另行处罚。

同一当事人就同一批货物、物品分别实施了 2 个以上违反海关监管规定的行为且二者之间有因果关系的，依照本实施条例分别规定的处罚幅度，择其重者处罚。"

由此，海关有可能做出没收违法所得，并处货值金额百分之五以上百分之二十以下罚款的处罚决定。这对某些货值很高而税款金额不大的企业来说，处罚是非常严厉的。企业偷漏税款几十万元，可能被没收违法所得，并面临近千万元的罚款。

（三）切勿在错误归类的边缘徘徊

从事进出口业务的人员，对于归类肯定都不陌生，归类是进出口业务的起点。只有准确归类，才能确定商品编码，才能知道货物的监管条件和适用的税率。在海关的监管中，无论是天上飞的、地上跑的、水里游的，都会有一个对应的商品编码。

1. 归类途径

实务中，企业要对货物进行准确归类，获得准确的商品编号，有时是非常不容易的，以至于对于同一类货物，归类专家也可能会产生不同的看法，最后甚至需要通过投票的方式来解决。这种情形下企业该如何对货物进行准确归类呢？大致有以下两条途径。

第一，向海关申请预裁定（申请流程详见图 2-1）。如果能够成功，这当然是最稳妥的解决方式。但是，许多企业并不符合申请预裁定的资格。例如，《中华人民共和国海关预裁定管理暂行办法》（以下简称《海关预裁定管理暂行办法》）第四条规定："预裁定的申请人应当是与实际进出口活动有关，并且在海关备案的对外贸易经营者。"而许多企业，尤其是中小企业甚至是个人，事实上仅从事进出口业务，并非是在海关注册登记的对外贸易经营者，因此不具备申请预裁定的资格。

再例如，《海关预裁定管理暂行办法》第七条规定："申请人应当在货物拟进出口 3 个月之前向其备案地直属海关提出预裁定申请。特殊情况下，申请人确有正当理由的，可以在货物拟进出口前 3 个月内提出预裁定申请。一份《预裁定申请书》应当仅包含一类海关事务。"第八条规定："海关应当自收到《预裁定申请书》以及相关材料

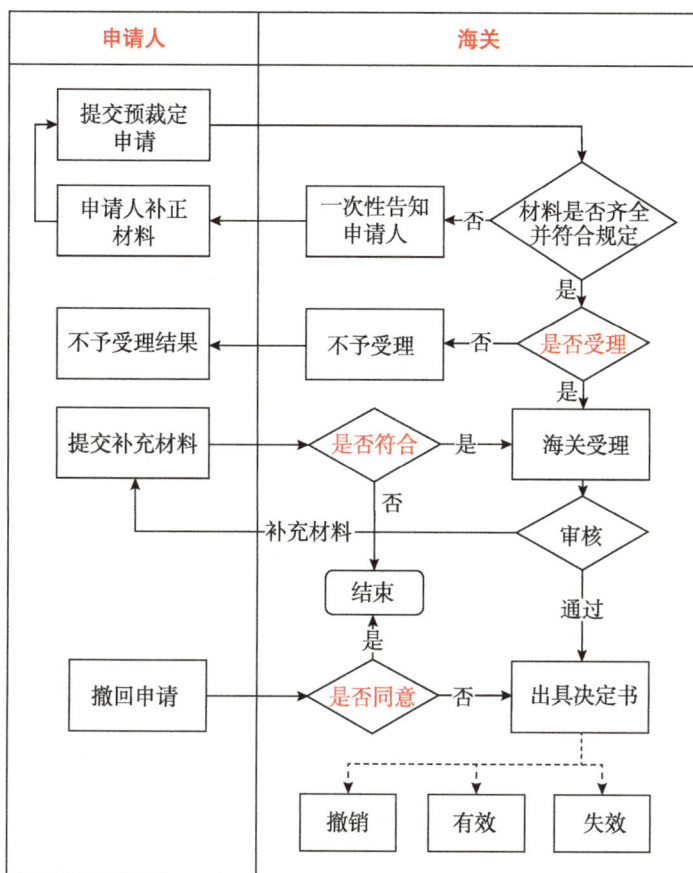

图 2-1 向海关申请预裁定的流程

之日起 10 日内审核决定是否受理该申请，制发《中华人民共和国海关预裁定申请受理决定书》或者《中华人民共和国海关预裁定申请不予受理决定书》。"海关审查需要时间，可能无法满足一些企业快节奏的物流需求，尤其是一些空运的时效性比较强的货物的运输。

第二，社会化预归类。进出口企业可以向报关企业或者具有归类特长的企业（以下统称归类服务企业）寻求意见。与预裁定相比，社会化预归类的优点是可以得到商业化的服务，缺点是权威性不足。目前，社会化预归类已经进入了市场化状态，海关不再评级考核，进出口企业判断预归类服务提供者的良莠，只能凭借自己的慧眼了。同时，预归类意见对海关是没有约束力的，预归类错误的法律责任包括刑事责任，仍然要由进出口企业自行承担。实操中，我们甚至碰到过这样的情况：进出口企业因为不自信，先后委托多家报关公司对货物进行归类，而得到的归类意见却各不相同，最终企业钱花了，非但没有解决问题，反而更加困惑了。

2. 归类建议

针对上述归类难的情况，下面给出两点建议供企业参考。

第一，向海关提交预归类裁定申请表，并注明相应的申报要素。这个申报的过程是有据可查的，即使企业不符合归类预裁定的条件，但从刑事风险的预防角度来说，海关出具的《中华人民共和国海关预裁定申请不予受理决定书》可以从一定程度上排除企业走私的主观故意。

第二，将责任落实到人。归类服务企业出具的预归类意见书最大的特点就是，它是以归类服务企业的名义做出的，加盖的是归类服务企业的归类服务专用章，并没有归类人员的个人签名。由于归类服务企业具有批量化作业以及人员流动性较高的特点，可能会出现进入刑事程序后无法落实归类人员，无法了解当时情况的现象。因此，建议企业在寻求社会化预归类时，要求归类服务企业出具的预归类意见书上有归类人员的签名，这样既可以做到有据可查，也可以有效增强归类人员的责任意识。其实，这和有些饭店的每道菜品会附上厨师的姓名或者编号是一个道理。

二、商品估价

（一）完税价格的确定

海关是依据完税价格计征税款的。根据《中华人民共和国海关审定进出口货物完税价格办法》（以下简称《海关审定进出口货物完税价格办法》）第五条："进口货物的完税价格，由海关以该货物的成交价格为基础审查确定，并且应当包括货物运抵中华人民共和国境内输入地点起卸前的运输及其相关费用、保险费。"

在进口环节，完税价格通常就是货物的 CIF 价格。如果 CIF 价格是真实的，那么海关会接受 CIF 价格作为完税价格，按照这一价格计核税款。但在商业实践中，总有国内收货人因申报的价格不符合要求而被海关进行估价。具体包括以下两种情况。

1. 申报价格真实，但项目有遗漏

例如，企业以 FOB 价格（离岸价）向海关申报，漏掉了国际运输中的运费和保险费；或者以 CFR 价格（成本加运费）向海关申报，但漏掉了保险费，则海关会调整企业申报的价格，将运费或保险费添加进去，按照调整后的 CIF 价格征收税款。

2. 申报价格不真实

对于申报价格不真实的，海关会按照法定的估价方法重新估价。

【案例2-3】某境外的母公司与境内的子公司约定，境外母公司出售的打印机CIF价格为200美元，但境内子公司每购买1台打印机，必须同时购买100个墨盒，每个墨盒10美元。

在上述案例这种"搭售"的情况下，海关不会接受企业打印机每台200美元的申报，因为这个价格并未反映出打印机的公允价格。境外母公司为了推销墨盒，可能在打印机上调低了正常的售价。如果不"搭售"墨盒，境内子公司是不可能以200美元买到打印机的。此时，海关会依据《海关审定进出口货物完税价格办法》进行估价，主要的估价方法包括相同货物成交价格估价方法、类似货物成交价格估价方法、倒扣价格估价方法、计算价格估价方法、合理方法。

（1）相同货物成交价格估价方法

相同货物成交价格估价方法就是采取比较的方式确定商品的公允价格，并据此确定进口货物的完税价格。如案例2-3中，海关有可能调取境外母公司与境内非关联公司之间的成交情况，假设能找到没有"搭售"安排的交易记录，发现每台的 CIF 价格为 260 美元，则海关即可适用相同货物成交价格估价方法，确定进口打印机的完税价格为 260 美元。

（2）类似货物成交价格估价方法

类似货物成交价格估价方法同样是采取比较的方式确定完税价格，但要根据具体情况予以适当调整。例如，海关无法找到案例 2-3 中同型号的打印机，但可以找到改进款的打印机，两者基本相同，只是改进款增加了蓝牙模块，以便更好地进行无线操作。改进款打印机的售价为 260 美元，增加蓝牙的成本为 10 美元。这种情况下，海关可以依据类似货物成交价格估价方法，扣除 10 美元加装蓝牙的成本后，确定该打印机的完税价格为 250 美元。

（3）倒扣价格估价方法

倒扣价格估价方法是指海关以进口货物、相同或者类似进口货物在境内的销售价格为基础，扣除境内发生的有关费用后，审查确定进口货物完税价格的估价方法。其中，销售价格应当同时符合下列条件：

① 是在该货物进口的同时或者大约同时，将该货物、相同或者类似进口货物在境内销售的价格；

② 是按照货物进口时的状态销售的价格；

③ 是在境内第一销售环节销售的价格；

④ 是向境内无特殊关系方销售的价格；

⑤ 按照该价格销售的货物合计销售总量最大。

按照倒扣价格估价方法审查确定进口货物完税价格的，下列各项应当扣除：

① 同等级或者同种类货物在境内第一销售环节销售时，通常的利润和一般费用（包括直接费用和间接费用）以及通常支付的佣金；

② 货物运抵境内输入地点起卸后的运输及其相关费用、保险费；

③ 进口关税、进口环节海关代征税及其他国内税。

案例 2-3 中，如经了解，境内子公司一次性将打印机卖给了全国的非关联总代理，售价为 300 美元，境内子公司通常的利润为 15 美元 / 台，打印机在口岸卸货后到达总代理的运输费用和成本为 10 美元 / 台，进口关税、进口环节海关代征税及其他国内税为 15 美元 / 台，则通过倒扣价格估价方法，可以确定每台打印机的完税价格为 260（300-15-10-15）美元。

（4）计算价格估价方法

计算价格估价方法是指海关以下列各项的总和为基础，审查确定进口货物的完税价格：

① 生产该货物所使用的料件成本和加工费用；

② 向境内销售同等级或者同种类货物通常的利润和一般费用（包括直接费用和间接费用）；

③ 该货物运抵境内输入地点起卸前的运输及相关费用、保险费。

例如，海关经过调查，确定上述打印机的生产成本和加工费用为 200 美元、利润和一般费用为 30 美元、国际运费和保险费为 30 美元，则海关可以根据计算价格估价方法确定进口打印机的完税价格为 260 美元。这种估价方法适用的情况比较少，需要生产企业高度配合，通常仅适用于中国境内存在代工厂的情况。

（5）合理方法

合理方法是指当海关不能根据上述四种方法确定完税价格时，遵循客观、公平、统一的原则，以客观量化的数据资料为基础审查确定进口货物的完税价格。它是在其他估价方法均无法适用时才能适用的一种估价方法。当适用这种估价方法时，海关估价具有较大的弹性，更多是通过与企业协商的方式达成。

以上仅是简单的举例说明。真实的海关估价更为复杂，海关和企业往往要经过多轮的价格磋商。很多数据并没有精准的数值，如通常的利润率、一般费用等财务指标，难以达到绝对的精准，往往由海关与企业在数据库的中四分位区间内协商确定。

（二）涉及的难点问题

1. 海关对价格折扣的合规要求

什么样的价格折扣在海关估价中是可以接受的，现行法律并未做出明确的规定，相关的意见散见于海关总署出版的各类图书与实务案例中。综合来看，中国海关关于价格折扣通常有以下三点合规要求。只有同时符合这三点要求，价格折扣才可能被海关所接受。

一是折扣的公开程度。折扣必须具有商业上的合理性，卖方通常应当制定并公开折扣的具体实施标准；折扣必须适用于行业中不特定的买家，而不能为某一特定买家所独有。

二是**折扣的确定时间**。除依据公式定价确定成交价格之外，无论是现金折扣还是数量折扣，买卖双方在申报进口前都必须确定折扣的金额。

三是**不得设定溯及性折扣**。也就是说，货物的价格必须一票一议，不得因为以往交易的原因而影响当期交易的价格。例如，卖方因为第一笔交易中存在残次品而在第二次交易中向买方提供折扣，以作为对第一笔交易的补偿。这种回溯性折扣，将不被允许从第二次交易的成交价格中扣除。

需要注意的是，除了海关，税务机关也对价格折扣给予了高度关注。但海关与税务机关对价格折扣的合规性审查标准是不同的。根据《国家税务总局关于确认企业所得税收入若干问题的通知》（国税函〔2008〕875号）第一条第（五）项："企业为促进商品销售而在商品价格上给予的价格扣除属于商业折扣，商品销售涉及商业折扣的，应当按照扣除商业折扣后的金额确定销售商品收入金额。

债权人为鼓励债务人在规定的期限内付款而向债务人提供的债务扣除属于现金折扣，销售商品涉及现金折扣的，应当按扣除现金折扣前的金额确定销售商品收入金额，现金折扣在实际发生时作为财务费用扣除。

企业因售出商品的质量不合格等原因而在售价上给的减让属于销售折让；企业因售出商品质量、品种不符合要求等原因而发生的退货属于销售退回。企业已经确认销售收入的售出商品发生销售折让和销售退回，应当在发生当期冲减当期销售商品收入。"

海关关于价格折扣的合规标准与税务存在明显的区别，具体如下。

第一，税务机关接受销售折让的做法，允许企业在当期交易中通过折让的方式对以往交易做出补偿，海关则不接受溯及性折扣。

第二，税务机关对折扣、折让的产生原因有着严格的管控。由于涉及红字发票的开具以及已征收税款的调整，因此企业只有在符合规定的情况下采取折扣和折让，才能够得到税务机关的认可。例如，《国家税务总局关于纳税人折扣折让行为开具红字增值税专用发票问题的通知》（国税函〔2006〕1279号）就规定，企业只能"由于购货方在一定时期内累计购买货物达到一定数量，或者由于市场价格下降等原因"提供相应的折扣、折让。相比之下，海关并未对折扣、折让的具体原因做出明确的规定，企业只要有正当的商业目的即可。

第三，税务机关针对特定的税种，对折扣具有形式上的要求。《国家税务总局关于印发〈增值税若干具体问题的规定〉的通知》（国税发〔1993〕154号）第二条第（二）款规定："纳税人采取折扣方式销售货物，如果销售额和折扣额在同一张发票上分别注明的，可按折扣后的销售额征收增值税；如果将折扣额另开发票，不论其在财务上如何处理，均不得从销售额中减除折扣额。"《国家税务总局关于折扣额抵减增值税应税销售额问题通知》（国税函〔2010〕56号）进一步规定："纳税人采取折扣方式销售货物，销售额和折扣额在同一张发票上分别注明是指销售额和折扣额在同一张发票上的'金额'栏分别注明的，可按折扣后的销售额征收增值税。未在同一张发票'金额'栏注明折扣额，而仅在发票的'备注'栏注明折扣额的，折扣额不得从销售额中减除。"海关对于折扣则没有这种严格的形式要求。

总而言之，海关与税务机关在税款征收的合规要求上既有共同之处，又存在差别，企业需要予以通盘考虑，切不可将海关合规与税务合规做简单的替换，误以为在一方面合规，在另一方面就必然是合规的，从而引发海关或者税务稽查。

2. 特许权使用费

正如前文所讲，海关征税的三大技术分别为商品归类、商品估价与原产地判定。商品归类决定了进口的货物是什么，原产地判定决定了进口的货物来自哪里，最终两者影响的是税率；而商品估价比较特殊，估价与税率无关，它决定的是进出口货物的完税价格。通俗来讲，就是估价决定了进口的货物值多少钱。

特许权使用费属于估价当中的一部分。与进口货物相关并构成销售条件的特许权使用费，海关要将其计入进口货物的完税价格，征收进口关税和增值税、消费税；若不符合海关的征税条件，海关不征税。例如，某公司进口某品牌的计算机，进口时的申报价格中未包含后续支付的商标使用费，则海关对于后续支付的商标使用费，有可能将其计入进口货物的完税价格并征收进口环节税收。

受特许权使用费影响比较大的企业，通常是支付商标使用费和专利费或者专有技术使用费比较多的企业。商标使用费支付比较多的，主要是服装、汽车以及化妆品等行业中的企业；专利费或者专有技术使用费支付比较多的，主要是药品、汽车零配件以及手机等行业中的企业。

（1）特许权使用费的认定标准

特许权使用费一直是广大进出口企业极为关注的议题，也是海关稽查的重点。需要注意的是，关于特许权使用费，海关与税务机关的认定标准存在差异。

从海关的角度来看，《海关审定进出口货物完税价格办法》第五十一条规定："特许权使用费，是指进口货物的买方为取得知识产权权利人及权利人有效授权人关于专利权、商标权、专有技术、著作权、分销权或者销售权的许可或者转让而支付的费用。"

从税务的角度来看，税法中特许权使用费的范围更广。《国家税务总局关于执行税收协定特许权使用费条款有关问题的通知》（国税函〔2009〕507号）第一条规定："凡税收协定特许权使用费定义中明确包括使用工业、商业、科学设备收取的款项（即我国税法有关租金所得）的，有关所得应适用税收协定特许权使用费条款的规定。

税收协定对此规定的税率低于税收法律规定税率的，应适用税收协定规定的税率。"

不同的税收协定对特许权使用费定义上存在差异，涉及多重口径和认定标准；而海关认定特许权使用费只有一个标准。对此，企业的进出口部门只有正确地理解特许权使用费，才能在合规审查及进出口实务中规避相关风险。

（2）特许权使用费海关申报规则

2019 年 5 月 1 日开始实施的《关于特许权使用费申报纳税手续有关问题的公告》（海关总署公告 2019 年第 58 号，以下简称 58 号公告）对特许权使用费的合规申报做出了具体规定。

纳税义务人在货物申报进口时已支付应税特许权使用费的，已支付的金额应填报在报关单"杂费"栏目，无须填报在"总价"栏目。海关按照接受货物申报进口之日适用的税率、计征汇率对特许权使用费征收税款。

纳税义务人在货物申报进口时未支付应税特许权使用费的，应在每次支付后的 30 日内向海关办理申报纳税手续，并填写《应税特许权使用费申报表》。报关单"监管方式"栏目填报"特许权使用费后续征税"（代码 9500），

"商品名称"栏目填报原进口货物名称,"商品编码"栏目填报原进口货物编码,"法定数量"栏目填报"0.1","总价"栏目填报每次支付的应税特许权使用费金额,"毛重"和"净重"栏目填报"1"。

【案例2-4】某外资企业于2022年5月申报进口一台机床,"总价"一栏申报为500万美元,"杂费"一栏申报特许权使用费10万美元。之后,该企业向银行申请就特许权使用费10万美元对外付汇,被银行拒绝。

这个案例中,银行的做法符合规定。58号公告明确指出,纳税义务人在货物申报进口时已支付应税特许权使用费的,已支付的金额应填报在报关单"杂费"栏目,无须填报在"总价"栏目。企业在进口时将10万美元特许权使用费填报在报关单"杂费"栏目,就意味着企业认可该笔特许权使用费在货物申报进口时已支付。既然已支付特许权使用费,就不能让银行再次支付。企业如果想按照服务贸易支付,就必须先修改报关单。

（3）稽查重点与解决方案

如果说有什么业务能够同时吸引海关与税务的注意，那就非特许权使用费莫属。特许权使用费既是海关稽查的重点对象，也是税务稽查的核心内容。同时，在实际执法过程中，海关与税务共享执法标准及执法信息的情况越来越普遍。在这种新的形势下，企业在审查特许权使用费的合规性时，必须同时从海关与税务的双重视角着手。

以下两方面是企业特许权使用费合规自查的重要风险点。

第一，特许权使用费的金额是否适当。

特许权使用费的金额通常是境外母公司依据中国公司净销售额的一定比例确定的。《国家税务总局关于发布〈特别纳税调查调整及相互协商程序管理办法〉的公告》（国家税务总局公告 2017 年第 6 号，以下简称 6 号公告）第三十二条规定："企业与其关联方转让或者受让无形资产使用权而收取或者支付的特许权使用费，应当与无形资产为企业或者其关联方带来的经济利益相匹配。与经济利益不匹配而减少企业或者其关联方应纳税收入或者所得额的，税务机关可以实施特别纳税调整。未带来经济利益，且不符合独立交易原则的，税务机关可以按照已税前扣除的金额全额实施特别纳税调整。企业向仅拥有无形资产所有权而未对其价值创造做出贡献的关联方支付特许权使用费，不符合独立交易原则的，税务机关可以按照已税前扣除的金额全额实施特别纳税调整。"

可见，对于特许权使用费的金额，关联企业之间不能自说自话，所设定的支付比例必须得到交易实质的支持。特许权使用费比例过高，会引发海关与税务的双重风险，海关将依据间接支付的思路，将多出的特许权使用费计入进口货物的完税价格；税务机关则将对企业实施特别纳税调整。

企业应当从特许权使用费的两端进行自查。一方面，要确认境内支付特许权使用费的企业确实从相关特许权中获得了利益，并能够证明相关的获益情况；另一方面，要确认境外收取特许权使用费的企业对相关无形资产的形成具有实质贡献，这就要求持有无形资产的成员企业保持稳定，频繁的重组变动可能会被认定为仅持有无形资产，而对该无形资产的形成未做出贡献，从而导致特许权使用费支付安排被海关或税务机关否定。

第二，特许权使用费是否随行就市地进行了调整。

6 号公告还有一项重要内容，就是设定了企业随行就市调整特许权使用费比例的强制义务。第三十一条规定："企业与其关联方转让或者受让无形资产使用权而收取或者支付的特许权使用费，应当根据下列情形适时调整，未适时调整的，税务机关可以实施特别纳税调整：（一）无形资产价值发生根本性变化；（二）按照营业常规，非关联方之间的可比交易应当存在特许权使用费调整机制；（三）无形资产使用过程中，企业及其关联方执行的功能、承担的风险或者使用的资产发生变化；（四）企业及其关联方对无形资产进行后续开发、价值提升、维护、保护、应用和推广做出贡献而未得到合理补偿。"**据此**，对于关联企业来说，特许权使用费的合规将不再仅限于签订许可协议这个特定的时间点。协议签订后，如果发生所许可的专利过期或者被认定无效、因生产工艺改变而不再需要使用所许可的技术等情形，那么关联企业必须依法调整特许权使用费的比例，使之与新的情形相符，从而符合公允交易原则。

【案例 2-5】甲公司委托报关公司于 2018 年 3 月 19 日至 2019 年 12 月 11 日期间以一般贸易方式向海关申报进口塑料分配管等货物共计 13 票。后经海关与税务部门核查，甲公司于 2019 年 5 月 20 日至 2020 年 3 月 19 日对外支付了上述 13 票进口货物中已国内销售部分的特许权使用费，但未在每次支付后的 30 日内向海关申报缴纳税款。

经核定，上述货物价值共计人民币 194 万元，甲公司上述行为漏缴税款共计人民币 14 万元。

上述事实业已构成违反海关监管规定的行为，海关依法对甲公司科处罚款人民币 8.48 万元。

3. 转让定价

审查转让定价是海关与税务机关审查关联企业之间定价是否公允，是否存在转移利润、侵蚀税基等行为的重要手段。特许权使用费是转让定价的表现方式之一。

随着中国海关自报自缴等税收征管方式改革的推进，企业的合规自查变得越来越迫切。如果企业在日常的经营活动中不能主动发现申报违规风险，可能会遭到海关的处罚。建议企业从以下六个高危风险点入手，积极地对本企业内部的转让定价的合规性开展自查。

（1）是否存在价格倒挂的异常现象

企业无论采取何种转让定价方法，也无论提供何种商业上的理由，价格倒挂（购进价格高于销售价格）都是不被认可的，这样的定价方式对税收安全形成了直接的挑战。实践当中，有些企业在制定转让定价方案时，并不存在价格倒挂的现象，但在执行过程中，却因原材料价格的波动而出现了价格倒挂的现象。

建议：企业的转让定价应当体现境外出口方合理的利润，并在执行过程中，始终保持合理利润的存在。企业应当定期对是否出现价格倒挂现象进行自查。

（2）企业的营业利润是否合理

企业在审查转让定价是否合理时，常见的做法是委托会计师事务所根据OECD（经济合作与发展组织）规则出具转让定价报告，以企业的营业利润处于中四分位区间来证明营业利润的合理性，进而证明转让定价的合理性。这里要注意，海关对所审核的营业利润，仅针对某一项或某几项被提出价格质疑的货物，而不是针对企业所有货物的营业利润；海关在审查营业利润的同时，将一并审查企业的成本和费用支出是否合理。

建议：在提交 OECD 转让定价报告时，应当聚焦于海关质疑的特定货物的利润水平，同时应当注意费用与成本是否处于合理区间内，与用于比较的企业相比，费用或者成本是否存在过高的情形，以免海关认为合理的利润水平是被不合理且过高的费用拉低所致，从而否认企业的转让定价。

（3）转让定价中的设定参数是否合理

转让定价公式本身合理，但若其中的参数设定不合理，也可能被海关否定。例如，通过成本加成法确认定价是合理的，但在计算成本时，如果没有将客观存在的特许权使用费计入，就会出现低报成交价格的情况。

建议：企业应当对所采用的转让定价方法中的具体参数保持高度关注，若具体的参数在经营过程中发生了变化，则必须做出相应的调整。

（4）转让定价是否得到了实际的执行

转让定价如未得到严格的执行，同样可能被海关否定。例如，在实践中，国内公司从国外母公司购进货物，以美元结算，转让定价约定了汇兑损益的分担，但在实际执行中却未执行。海关通过调取企业在税务机关的审计报告，很容易就能发现企业的转让定价并未得到实际的执行，从而否定货物的成交价格。

建议： 转让定价不能仅仅被当成摆设，一旦向海关或税务机关提交了，就必须得到严格的执行。这不单单是跨国公司内部的财务数据问题，同时也是一项重要的行政法义务，企业必须遵从。企业应当在每年向税务机关报送审计报告时，同时对企业转让定价的执行情况进行核实。

（5）从全球来看，转让定价是否合理

大数据的引入以及不同渠道申报要求的加强，使海关能够更加了解大企业的全球经营状况，以往那种因母公司不配合而导致海关无法取得境外数据的现象将逐渐成为历史。以往海关难以掌握全面的定价资料，才不得不退而求其次，借助 OECD 同类企业的数据进行判定，而在能够得到企业全球资料的情况下，中国海关将更加精准地依据企业自身的资料进行认定和审查。海关通常认为，负担更多功能与风险的企业，应当相应地获得更多的利润。如果中国公司比境外公司额外承担了研发的功能而利润却低于境外公司，则这种定价方式将可能被海关否定。

建议：跨国公司应当对自身的全球定价策略给予高度的关注，因为在国际税收协议项下，母公司将对中国税务机关直接负有越来越多披露的义务，中国海关进行转让定价审查的可能性也越来越大。跨国公司的全球定价策略应当充分体现配比原则，利润与功能和风险应当体现出正相关的关系。

（6）夯实进口货物定价合规工作

针对关联关系对进口货物价格的影响，海关和税务机关在关联企业判定标准以及进口货物转让定价审查思路上有所差异，需要企业认真加以辨析，并在实际操作中予以兼顾。

建议：首先，企业要厘清海关和税务机关在关联企业判定标准上的差异，避免发生误报。海关判定关联企业的标准之一，是一方直接或者间接地拥有、控制或者持有对方 5% 以上（含 5%）公开发行的有表决权的股票或者股份，而税务机关对关联企业的认定标准是持股比例达到 25%。对于持股公司数量较多且持股比例变动频繁的关联企业而言，其关务部门及时掌握持股比例的变化尤为重要。虽然税务机关规定的关联企业年度申报表通常是一年报一次，但海关却可能因为进口活动的发生而要求企业关务人员频繁填报。如果企业关务部门未能及时跟进关联企业持股情况的变化，将很可能出现误报。

其次，企业要辨识海关和税务机关在进口货物转让定价审查规则上的差异，树立海关和税务同步合规的理念。一方面，海关重点关注的是进口货物的价格下限，以防止企业通过调低进口货物价格来少缴进口环节税收；而税务机关重点关注的是进口货物的价格上限，以防止国内企业通过提高进口货物价格来降低需要缴纳的企业所得税，将利润留在境外。另一方面，海关的价格调整着眼于特定的货物，以每票货物，即每张进口报关单为单元进行审查，单票货物的申报价格越低，海关对企业进行稽查的可能性越大，且通常不考虑特定进口货物以外的其他情形，不接受企业通过调整价格来对其他经营活动进行"弥补"；而对于税务机关来说，由于企业所得税是按年度汇算清缴，致使税务机关对进口货物价格的审查，是以纳税年度为周期进行的，即在一个周期内（通常为一年）考察企业所获得的收益与其执行的功能或者承担的风险是否匹配，重点是根据关联企业的利润贡献率以及所承担风险的大小来对关联企业进口货物转让定价的合理性进行判断。至于某一单商品的进口价格是偏高还是偏低，并非税务机关的审查重点。

【案例 2-6】某化工企业从境外关联公司进口 200 多种产品，海关通过数据分析，认为该企业的单品进口价格偏低，提出价格质疑，与企业展开价格磋商。企业为了证明单品的转让定价公允，向海关提交了某会计师事务所出具的审计报告，证明企业的同期利润率处于正常区间，企业所得税的税负水平与同行业的化工企业相当。另外，为进一步佐证转让定价的公允性，企业还提出其年度审计报告从未被税务机关质疑过，税务机关认同企业所确定的价格。然而，企业的上述意见最终未被海关接受。

海关认为，企业整体利润率之所以处于正常区间，是因为不同单品之间的高价和低价互相抵销，最终形成了税务机关可以接受的企业利润率；但从海关估价角度来看，这种"打总账"的平均利润率是不能被接受的，海关必须以税号为单元，判断每一批次进口货物的价格是否公允。

上述案例表明，企业要意识到海关与税务机关审价规则的不同，进而树立海关和税务同步合规的理念。但需要注意的是，树立海关和税务同步合规，并不意味着盲目地在不同标准之间摇摆，人为扭曲成交价格，这样的做法不仅对合规无益，还会为企业后续接受监管审查埋下隐患。

【案例2-7】某外国企业在中国设立了销售公司，该销售公司向A、B、C三家境内非关联公司销售同种产品，但产品的进口申报价格却不同，从而受到海关的价格质疑。对此，该销售公司计划将上述同类产品都按照一个价格向海关申报进口。

上述案例中销售公司的处理方式与企业生产经营的实际情况不符。海关在审定进口货物完税价格是否公允时，可以接受相同货物价格、相似货物价格、计算价格、倒扣价格以及合理价格等标准。其中，该销售公司是按照倒扣价格标准，根据产品在中国的销售情况，扣除费用和利润后，确定对应进口货物价格的。由于销售给A、B、C三家公司的产品的价格本就不同，因此按倒扣价格估价方法算出来的进口价格也就不同。如果企业不是根据实际经营情况如实做出解释，而是扭曲进口货物的定价，这样的做法只会增加企业的违规风险。

三、原产地判定

（一）什么是原产地

原产地是海关法中特有的概念，即从海关法的角度，判定进出口货物的来源国家或者地区，从而给予相应的待遇。海关法对原产地的判定标准较为复杂，需要区分具体的商品编码和国别。但总体来说，原产地可以分为两大类，优惠原产地和非优惠原产地。

1. 优惠原产地

优惠原产地与税收直接相关。相同的货物原产地不同，根据税收协定就会适用不同的关税。例如，商品编码为 22042100 的葡萄酒进口到中国，在不考虑优惠原产地的情况下，关税最惠国税率为 14%；而原产地为东盟十国的葡萄酒，根据《亚太贸易协定》可以享受零关税；原产地为韩国的葡萄酒，根据《中国—韩国自由贸易协定》，可以享受 2.8% 的协定税率。可以看出，优惠原产地的认定，对国际贸易中的交易成本有着直接的影响。

2. 非优惠原产地

非优惠原产地是与税收优惠无关的原产地判定标准。虽然与税收优惠无关，但非优惠原产地的判定标准对进出口贸易等商业活动仍然有着举足轻重的作用。

【案例 2-8】某机械工程装配企业从海外购进一部分配件，与中国产的底盘组装在一起，以工程车辆作为成品出口海外。企业对此提出疑问：在产品的外包装上，可以打上"中国制造 / 生产"吗？

在对外贸易中，"中国制造 / 生产"是不可以随意使用的，否则可能会带来严重的法律后果。

（1）标注"中国制造 / 生产"的实体要求

在海关法中，"中国制造 / 生产"具有特定的含义，属于原产地标记。原产地是否可以标注"中国制造 / 生产"，中国海关有明确的判定标准。现行有效的判定标准是海关总署发布的《关于非优惠原产地规则中实质性改变标准的规定》（海关总署令第 122 号）。其中，第七条规定："以制造、加工工序和从价百分比为标准判定实质性改变的货物在《适用制造或者加工工序及从价百分比标准的货物清单》中具体列明，并按列明的标准判定是否发生实质性改变。未列入《适用制造或者加工工序及从价百分比标准的货物清单》货物的实质性改变，应当适用税则归类改变标准。"

具体如何理解呢？如案例 2-8，该机械工程装配企业应当先对成品的海关商品编码做出准确判断，然后与《适用制造或者加工工序及从价百分比标准的货物清单》相对照。如果已经列入，则按照清单的要求判定货物的原产地；如果未列入，则根据税则归类改变做出判定。

（2）标注"中国制造／生产"的程序要求

即使确定了货物原产地为中国，企业也不能径行使用"中国制造／生产"标记，而是应当先获得海关的批准。《原产地标记管理规定实施办法》第十一条规定："检验检疫机构受理出境货物地理标记认证申请后，由直属检验检疫局依据《原产地标记注册程序》进行评审，评审合格的，报国家检验检疫局审批。经审批合格的，国家检验检疫局批准注册并颁发证书。出境货物原产国标记注册的申请，检验检疫机构按照《中华人民共和国出口货物原产地规则》签发原产地证书的要求进行审核。经审核符合要求的，生产制造厂商可在其产品上施加原产地标记'中国制造／生产'字样；不符合要求的，不得施加。"

现在，检验检疫已经整体划入海关，原检验检疫的职能转由海关承担。因此，依据前述规定，企业在使用"中国制造／生产"标记之前，应当经过海关的评审和批准。如果企业在外包装上随意使用"中国制造／生产"标记，则可能引发相关法律责任。另外，如果不注意原产地标记的规范使用，企业即使获得了原产地证书，也无法享受协定税率的待遇，甚至可能会因为在包装箱上喷涂了"中国制造／生产"而缴纳巨额税款。

（二）原产地的判定标准

1. 优惠原产地判定标准

优惠原产地是根据国与国（地区）之间的自由贸易协

定所确定的。这实际上属于国际经济主权的自由处分。两个或者多个国家（地区）可以通过签订自由贸易协定的方式，对相互之间认定原产地的标准做出明确。由于每一个原产地协定内容不尽相同，导致优惠原产地也没有统一的判定标准，必须结合具体的交易场景，对比相应的原产地协定内容才能够得出准确的结论。

以 2022 年 1 月 1 日实施的《区域全面经济伙伴关系协定》（RCEP）为例。RCEP 于 2012 年由东盟发起，历时八年，是由包括中国、日本、韩国、澳大利亚、新西兰和东盟十国共 15 方成员制定的多边自由贸易协定。自 2023 年 6 月 2 日起，RCEP 已对全部签署国生效。

RCEP 各成员方可以选择采用"统一减让"和"国别减让"两种方式实现货物贸易自由化。

（1）统一减让

这是指同一产品对其他缔约方适用相同的降税安排，澳大利亚、新西兰、马来西亚、新加坡、文莱、柬埔寨、老挝、缅甸共 8 个成员方采用这种模式。这些成员方只有一张关税承诺表，同一税号下的原产货物，在上述成员方进口时，都将缴纳相同的关税。

（2）国别减让

这是指在大部分产品采取"统一减让"的基础上，小部分产品对不同国家适用不同的降税安排。韩国、日本、泰国、印尼、越南、菲律宾和中国共7个成员方采用这种模式。这意味着同一税号下的原产于不同缔约方的货物，在进口时可能适用不同的RCEP协定税率。

对进口到中国的商品原产地的判定，最终取决于具体的情况。例如，《中华人民共和国海关〈区域全面经济伙伴关系协定〉项下进出口货物原产地管理办法》（以下简称《办法》）第十四条规定："具备原产资格并且列入进口成员方《特别货物清单》的货物，如出口成员方价值成分不低于百分之二十，其《协定》项下原产国（地区）[以下简称原产国（地区）]为出口成员方。前款规定的出口成员方价值成分应当按照本办法第七条规定计算，但其他成员方生产的材料一律视为非原产材料。各成员方《特别货物清单》由海关总署另行公告。"

2.非优惠原产地判定标准

非优惠原产地是指在不考虑税收协定的情况下判定原产地，主要适用于实施最惠国待遇、反倾销和反补贴、保障措施、原产地标记管理、国别数量限制、关税配额等非优惠性贸易措施，以及进行政府采购、贸易统计等活动对进出口货物原产地的确定。

优惠性原产地多是企业的自主行为，企业为了获得更加优惠的税收待遇而主动申请认定；非优惠原产地则多是国家主动发起，企业在非优惠原产地的认定上是没有选择的权利的。

非优惠原产地的判定标准是《进出口货物原产地条例》。其中，第三条规定："完全在一个国家（地区）获得的货物，以该国（地区）为原产地；两个以上国家（地区）参与生产的货物，以最后完成实质性改变的国家（地区）为原产地。"

"完全在一个国家（地区）获得的货物，以该国（地区）为原产地"这一判定标准被称为完全获得标准。例如，越南出口商将越南领海捕获的野生鱼类出口到中国，则这些鱼的原产地为越南。

"两个以上国家（地区）参与生产的货物，以最后完成实质性改变的国家（地区）为原产地"这一判定标准相对较为复杂，具体可区分为三种情形：税则归类改变、从价百分比、制造或者加工工序。

（1）税则归类改变

税则归类改变是指在某一国家（地区）对非该国（地区）原产材料进行制造、加工后，所得货物在《进出口税则》中某一级的税目归类发生了变化。

以中国作为进口国为例，税则归类改变标准，是指在某一国家（地区）对非该国（地区）原产材料进行制造、加工后，所得货物在《进出口税则》中的四位数级税目归类发生了变化。《进出口货物原产地条例》要求的品目改变，也就是商品编码前四位数字改变。

【案例2-9】某企业从比利时进口原产麦芽（HS110710，HS为海关编码）用于生产啤酒（HS220300）并出口新西兰。该企业在使用麦芽生产啤酒的过程中，麦芽品目为1107，啤酒品目为2203，已经发生了四位数量级的变化，符合品目改变要求。在满足其他规则的前提下，该企业生产的啤酒为中国原产。

（2）从价百分比

从价百分比是指在某一国家（地区）对非该国（地

区）原产材料进行制造、加工后的增值部分，超过所得货物价值一定的百分比。以中国作为进口国为例，从价百分比标准是指在某一国家（地区）对非该国（地区）原产材料进行制造、加工后的增值部分超过了所得货物价值的 30%。

【案例 2-10】某企业从巴西进口可可豆用于生产可可油并出口新西兰。可可油工厂交货价为 10 元/罐，非该国（地区）原产材料（可可豆）2 元/罐，增值部分为 8 元/罐，从价百分比为 80%，大于 30%。在满足其他规则的前提下，该企业生产的可可油为中国原产。

（3）制造或者加工工序

制造或者加工工序是指在某一国家（地区）进行的赋予制造、加工后所得货物基本特征的主要工序，具体以《适用制造或者加工工序及从价百分比标准的货物清单》作为判定标准。例如，冷冻或干的墨鱼、鱿鱼及章鱼规定的加工工序为"清除内脏、冷冻或干燥"。据此，在公海捕捞的墨鱼，如在中国"清除内脏、冷冻或干燥"，则非优惠原产地为中国；如在越南"清除内脏、冷冻或干燥"，则非优惠原产地为越南。

（三）直接运输

企业如果申请享受优惠原产地项下的协定税率，除了获得符合要求的原产地证书或者原产地声明，还应当符合直接运输的要求，也就是要从出口国直接运抵中国，运输途中原则上不得经过其他国家或者地区。但是，在商业实践中会存在一些特殊情况，导致运输途中必须经过其他国家或者地区。在经过其他国家或者地区的情境下，企业应当根据实际运输情况提供相应的单证。

实务中，经常有人会问："联运提单非货物原产国签发能否享受协定税率？"海关总署就《黄埔海关关于明确优惠贸易协定项下联运提单非货物原产国签发能否享受协定税率问题的请示》（埔关税〔2011〕572号）有关问题函复如下。

"一、《中华人民共和国海关〈中华人民共和国与东南亚国家联盟全面经济合作框架协议〉项下进出口货物原产地管理办法》（署令第199号）第十三条规定：'货物经过其他国家或者地区运输至我国境内的，应当提交在出口国境内签发的联运提单。'另据《中国—东盟自贸协定》项下的《中国—东盟自由贸易区原产地规则签证操作程序》规则二十一的有关规定，上文所指的'其他国家或者地区'，是《中国—东盟自贸协定》的非缔约方'，即只有在货物经过东盟成员国以外的其他国家或者地区运抵我国境内时，才须提交在出口国签发的联运提单。

二、署税发〔2009〕341号《海关总署关于〈中华人民共和国海关进出口货物优惠原产地管理规定〉有关实施问题的通知》第二条第三款也明确规定：'货物经过非协定成员方境内时，进口人应当提交货物原产国或地区签发的联运提单。'这里所指的'经过非协定成员方境内'与第一点所述的有关规定的含义是一致的。

三、经你关核定，该票货物是由泰国启运，经新加坡运抵我国深圳赤湾港，途中未经过东盟成员国以外的其他国家和地区。根据上述规定，无须要求进口货物收货人或其代理人提交在出口国境内签发的联运提单。因此，如经你关验核，该批货物单证、单货相符，可以适用《中国—东盟自贸协定》项下的协定税率。"

（四）原产地适用实例：以 RCEP 对菲律宾生效为例

根据《中国对东盟成员国关税承诺表》，2023 年是 RCEP 生效后的第二年，适用第二年的协定税率。举例来说，我国企业进口税则号列为 84414000 的纸浆、纸或纸板制品模制成型机器，最惠国税率为 12%，增值税税率为 13%；2023 年，我国企业进口该货物，适用协定税率 10.8%，此后，我国企业进口该货物的协定税率会逐年下降，并在 2041 年降低至 0。

【案例 2-11】甲企业进口原产自菲律宾的税则号列为 84414000 的纸浆、纸或纸板制品模制成型机器，完税价格为 100 万元。RCEP 对菲律宾生效之前，该企业适用 12% 的最惠国税率，则该企业需要缴纳的税款如下：

关税 = 完税价格 × 关税税率 =100×12%=12（万元）

增值税 =（完税价格 + 实征关税税额 + 实征消费税税额）× 增值税税率 =（100+12+0）×13%=14.56（万元）

进口环节需要缴纳的税款总额 =12+14.56=26.56（万元）

RCEP 对菲律宾生效后，甲企业进口原产自菲律宾的税则号列为 84414000 的纸浆、纸或纸板制品模制成型机器，可以适用 10.8% 的协定税率。那么，该企业需要缴纳的税款如下：

关税 =100×10.8%=10.8（万元）

增值税 =（100+10.8+0）×13%=14.40（万元）

进口环节需要缴纳的税款总额 =10.8+14.40

=25.20（万元）

相比之下，该企业可以节省 1.36 万元税款。同时，因 RCEP 对税则号列为 84414000 的纸浆、纸或纸板制品模制成型机器采取了逐年降税的方式，可以预计，该企业的进口税负将会越来越低，至 2041 年进口关税将降低为 0 元。

上述政策的生效对开展中菲贸易的企业来说，是一项重大利好，但同时也需要注意以下事项。

1. 协定税率的选择适用问题

2023 年 6 月 2 日 RCEP 对菲律宾生效之后，中国与菲律宾之间同时适用两种协定税率：RCEP 协定税率、中国—东盟协定税率。经过多年的降税，中国—东盟协定税率已经非常优惠，在绝大多数商品上已经实现了"零关税"。以税则号列为 84414000 纸浆、纸或纸板制品模制成型机器为例，2023 年，中国—东盟协定税率为 0，而 RCEP 协定税率为 10.8%。因此，企业的产品如果同时符合中国—东盟与 RCEP 原产地标准，则应选择适用中国—东盟协定税率。值得注意的是，RCEP 与《中国—东盟全面经济合作框架协议》对原产地的认定有着不同的标准，进口产品有可能仅符合 RCEP 原产地标准，这种情况下，企业应适用 RCEP 协定税率。

2. 税则号列的转版问题

从 2012 年 11 月 20 日 RCEP 启动磋商程序，到 2023 年 6 月 2 日对菲律宾生效，谈判文件所依据的税则号列已经发生了多次变更，导致中国对东盟成员国关税承诺表中的一些税则号列在《进出口税则》中已经无法找到。企业在进口申报中，应当同时留意海关总署公告 2022 年第 129 号，根据附件 1《产品特定原产地规则》确定申报进口时现行有效的税则号列。

3. 原产地管理的具体规定

企业不可忽视原产地管理规定，否则即使进口的货物原产自菲律宾，甚至已经获得了 RCEP 原产地证明，也有可能无法享受协定税率。

举例来说，海关总署令第 255 号文件第十九条规定："原产地证书应当在货物装运前签发；由于过失或者其他合理原因在装运后签发的，应当注明'ISSUED RETROACTIVELY'（补发）字样。原产地证书所载内容有更正的，更正处应当有出口成员方签证机构的授权签名和印章。"同时，第二十四条规定："原产地证明自签发或者开具之日起 1 年内有效。"因此，除了获得原产地证明，企业还要协调好原产地证明的签发时间，过早或者过晚签发都可能影响企业享受协定税率。

03

第三章
海关征税的具体要素

从操作层面来看，海关征税涉及很多要素，如税种与税率、汇率、缴税日期与方式。这些具体要素很容易被忽略，但却是实操当中海关计核税款不可或缺的内容。如果弄错了，税款的计核就会出现偏差。

一、税种与税率

在进口环节，海关对进口货物征收（代征）的税种包括关税、增值税、消费税。具体每一种货物需要缴纳哪些税款，需要根据《进出口税则》确定；对于进口的物品，海关统一征收进口税。这里要注意，货物是出于商业目的而进口的，物品是出于个人自用目的而进口的。同样的东西，因为进口的目的不同，可能会被认定为不同的属性（货物还是物品），从而导致适用不同的税率。

（一）货物的税种与税率

1. 关税

《海关进出口货物征税管理办法》第十二条规定："海

关应当按照《关税条例》有关适用最惠国税率、协定税率、特惠税率、普通税率、出口税率、关税配额税率或者暂定税率，以及实施反倾销措施、反补贴措施、保障措施或者征收报复性关税等适用税率的规定，确定进出口货物适用的税率。"（注：其中《关税条例》即本书所讲的《进出口关税条例》。）

关税是进口环节最有特色的税种，它能够极大体现国际贸易与国内贸易的不同。关税的高低，取决于多种因素，如贸易国（地区）与中国的关系、贸易国（地区）是否为世界贸易组织成员、中国相关产业安全与产业导向等。基于上述考虑因素，关税分别适用以下不同税率。

（1）最惠国税率

《进出口关税条例》第十条的规定："原产于共同适用最惠国待遇条款的世界贸易组织成员的进口货物，原产于与中华人民共和国签订含有相互给予最惠国待遇条款的双边贸易协定的国家或者地区的进口货物，以及原产于中华人民共和国境内的进口货物，适用最惠国税率。"

（2）协定税率

原产于与中华人民共和国签订含有关税优惠条款的区

域性贸易协定的国家或者地区的进口货物，适用协定税率。《国务院关税税则委员会关于 2023 年关税调整方案的公告》明确，根据我国与有关国家或者地区已签署并生效的自由贸易协定和优惠贸易安排，对 19 个协定项下、原产于 29 个国家或者地区的部分进口货物实施协定税率。

进出口货物收发货人或者其代理人在办理优惠贸易协定项下货物海关申报手续时，应当按照《关于优惠贸易协定项下进出口货物报关单有关原产地栏目填制规范和申报事宜的公告》（海关总署公告 2021 年第 34 号）的要求，如实填写报关单商品项"优惠贸易协定享惠"类栏目。一份报关单对应一份原产地证明，一份原产地证明应当对应同一批次货物。享受和不享受协定税率或者特惠税率（以下统称优惠税率）的同一批次进口货物可以在同一张报关单中申报。"同一批次"进口货物是指由同一运输工具同时运抵同一口岸，并且属于同一收货人，使用同一提单的进口货物。对于客观原因（集装箱货物因海河联运需大船换小船、因海陆联运需分车运输，陆路运输集装箱货物需大车换小车以及其他多式联运情况下同一批次货物在中转地需要分拆由多个小型运输工具进行中转运输的情况等）

导致的有关进口货物在运抵中国关境（运抵口岸）前必须分批运输，不影响同一批次的认定。同一批次出口货物比照上述规定进行审核认定。

（3）特惠税率

原产于与中华人民共和国签订含有特殊关税优惠条款的贸易协定的国家或者地区的进口货物，适用特惠税率。根据《国务院关税税则委员会关于 2023 年关税调整方案的公告》，对与我国建交并完成换文手续的 44 个最不发达国家实施特惠税率。

（4）普通税率

原产于适用最惠国税率、特惠税率及协定税率以外国家或者地区的进口货物，以及原产地不明的进口货物，适用普通税率。适用普通税率在国际贸易中比较罕见，目前更多适用于非设关地走私案件的计核税款。

（5）出口税率

出口关税设置出口税率，对出口货物在一定期限内可以实行暂定税率。

（6）关税配额税率

按照国家规定，实行关税配额管理的进口货物，关税配额内的，适用关税配额税率；关税配额外的，其税率的适用按照《进出口关税条例》第十条、第十一条的规定执行。实施配额关税管理的为小麦、玉米、稻谷和大米、糖、羊毛、毛条、棉花、化肥共 8 类商品。

（7）暂定税率

企业进口货物在一定期限内可以适用暂定税率。适用最惠国税率的进口货物有暂定税率的，应当适用暂定税率；适用协定税率、特惠税率的进口货物有暂定税率的，应当从低适用税率；适用普通税率的进口货物，不适用暂定税率。

《国务院关税税则委员会关于 2023 年关税调整方案的公告》规定，对 1 020 项商品（不含关税配额商品）实施进口暂定税率；对 7 项煤炭产品的进口暂定税率，实施至 2023 年 3 月 31 日，自 2023 年 4 月 1 日起恢复实施最惠国税率；对 1 项信息技术协定扩围产品的进口暂定税率，实施至 2023 年 6 月 30 日，自 2023 年 7 月 1 日起实施最惠国税率，税率为零。

（8）反倾销与反补贴税率

《中华人民共和国反倾销条例》第二十九条规定："征收临时反倾销税，由商务部提出建议，国务院关税税则委员会根据商务部的建议作出决定，由商务部予以公告。要求提供保证金、保函或者其他形式的担保，由商务部作出决定并予以公告。海关自公告规定实施之日起执行。"

《中华人民共和国反补贴条例》第三十条规定："采取临时反补贴措施，由商务部提出建议，国务院关税税则委员会根据商务部的建议作出决定，由商务部予以公告。海关自公告规定实施之日起执行。"第三十九条规定："征收反补贴税，由商务部提出建议，国务院关税税则委员会根据商务部的建议作出决定，由商务部予以公告。海关自公告规定实施之日起执行。"

反倾销税与反补贴税最大的特点是针对商品原产国的特定企业设定税率，而不是对原产国所有的企业视为一体征税，这一点和报复性关税非常不一样。同时，反倾销税与反补贴税的国内进口商没有申请排除的权利，税率的高低完全取决于境外出口商的配合程度和倾销、补贴程度。

（9）保障措施关税税率

《中华人民共和国保障措施条例》第十六条规定："有明确证据表明进口产品数量增加，在不采取临时保障措施将对国内产业造成难以补救的损害的紧急情况下，可以作出初裁决定，并采取临时保障措施。临时保障措施采取提高关税的形式。"第十九条规定："终裁决定确定进口产品数量增加，并由此对国内产业造成损害的，可以采取保障措施。实施保障措施应当符合公共利益。保障措施可以采取提高关税、数量限制等形式。"

与报复性关税、反倾销税、反补贴税相比，保障措施关税最大的特点是没有明确的"加害方"。只要经过调查，进口产品数量增加，并对生产同类产品或者直接竞争产品的国内产业造成严重损害或者严重损害威胁的，就可以依法征收保障措施关税，同时不需要哪个国家（地区）或者企业的行为对严重损害或者严重损害威胁负责。

保障措施关税以海关审定的完税价格从价计征，计算公式为：

保障措施关税税额＝海关完税价格 × 保障措施关税税率

进口环节增值税以海关审定的完税价格加上关税和保障措施关税作为计税价格，从价计征。

（10）征收报复性关税税率

《进出口关税条例》第十四条规定："任何国家或者地

区违反与中华人民共和国签订或者共同参加的贸易协定及相关协定，对中华人民共和国在贸易方面采取禁止、限制、加征关税或者其他影响正常贸易的措施的，对原产于该国家或者地区的进口货物可以征收报复性关税，适用报复性关税税率。征收报复性关税的货物、适用国别、税率、期限和征收办法，由国务院关税税则委员会决定并公布。"

（11）选择性征税

在符合政策规定的情况下，企业对所缴纳关税的税率是可以选择的。这是怎么回事，为什么税率还可以选择呢？

《海关总署关于选择性征收关税有关问题的通知》（署加发〔2014〕130号）明确，在横琴新区、平潭综合实验区、中国（上海）自由贸易试验区，货物内销时，如企业选择按实际报验状态征收关税的，按现行规定办理内销征税手续；对成品涉及反倾销、反补贴或贸易保障措施的，应征收贸易救济税或保证金，并征收相应的增值税、消费税或保证金。

例如，综合保税区内某饲料加工企业从境外购进玉米，在综合保税区内生产饲料，然后将饲料内销，则该企业既可以按照玉米缴纳关税，也可以按照成品饲料缴纳关税。国家对小麦、玉米、食糖、棉花、羊毛等农产品实行配额管理，如果该企业能提供关税配额，则按照 1% 的玉米配额税率缴纳关税；如果该企业不能提供关税配额，则必须按照 65% 的玉米最惠国税率缴纳关税。饲料属于国家产业政策上鼓励支持的货物，不实行配额管理。2023 年，1214900090 其他植物饲料的关税最惠国税率为 9%。

《财政部 海关总署 国家税务总局关于扩大内销选择性征收关税政策试点的通知》（财关税〔2016〕40 号）明确，将内销选择性征收关税政策试点扩大到天津、上海、福建、广东四个自贸试验区所在省（市）的其他海关特殊监管区域（保税区、保税物流园区除外），以及河南新郑综合保税区、湖北武汉出口加工区、重庆西永综合保税区、四川成都高新综合保税区和陕西西安出口加工区 5 个海关特殊监管区域。内销选择性征收关税政策是指对海关特殊监管区域内企业生产、加工并经"二线"内销的货物，根据企业申请，按其对应进口料件或按实际报验状态征收关税，进口环节增值税、消费税照章征收。企业选择按进口料件征收关税时，应一并补征关税税款缓税利息。

《财政部 海关总署 税务总局关于扩大内销选择性征收关税政策试点的公告》（财政部 海关总署 税务总局公告2020年第20号）明确，自2020年4月15日起，将财关税〔2016〕40号文件规定的内销选择性征收关税政策试点，扩大到所有综合保税区。

但应当注意的是，享受内销选择性征收关税待遇的企业，是不能参加一般纳税人试点的，一旦参加了一般纳税人试点，将丧失内销选择性征收关税待遇，企业必须按照折算的保税料件缴纳关税。例如，综合保税区内某饲料加工企业从境外购进玉米，在综合保税区内生产饲料，然后将饲料内销。同时，该企业申请参加了一般纳税人试点。这种情况下，该企业就丧失了按照饲料缴纳关税的权利，只能按照玉米缴纳关税。

《国家税务总局 财政部 海关总署关于在综合保税区推广增值税一般纳税人资格试点的公告》（国家税务总局公告2019年第29号）第三条第（三）项规定：

"销售的下列货物，向主管税务机关申报缴纳增值税、消费税：

1. 向境内区外销售的货物；

2. 向保税区、不具备退税功能的保税监管场所销售的货物（未经加工的保税货物除外）；

3. 向试点区域内其他试点企业销售的货物（未经加工的保税货物除外）。

试点企业销售上述货物中含有保税货物的，按照保税货物进入海关特殊监管区域时的状态向海关申报缴纳进口税收，并按照规定补缴缓税利息。"

2. 消费税

关税是由海关负责征收的，而消费税和增值税则是由海关代征的。这一区别，导致消费税与增值税的征收范围并不完全由海关来定，还要综合考虑国家税务总局的相关规定。另外，由于海关是代征消费税，因此一项商品消费税的征收环节随时有可能发生调整，不再由海关代征，而是改为由税务机关直接征收。

（1）消费税的征收依据

海关征收消费税的依据是《进出口税则》，根据商品编码确定消费税的征收范围。只要《进出口税则》中进口货物对应的商品编码上载明应当征收消费税，海关即可依法征收。需要特别说明的是，海关是严格按照商品编码征收消费税的，这可能和大家日常的理解有差别。例如，GUCCI、爱马仕等名牌包，大家可能会觉得这些属于奢侈品，应当征收消费税。但实际上，不管多奢侈，这些名牌包的商品编码都是 4202210090（其他以皮革或再生皮革作面的手提包），根据《进出口税则》的规定，是不需要缴纳消费税的。

海关依据商品编码和《进出口税则》判定消费税的征收范围，而税务机关则是依据《消费税征收范围注释》征收消费税。因为判定的依据不一样，海关和税务机关对于消费税应税商品的认定有时可能存在分歧。下面分享一个实务中的争议案例。

【案例 3-1】某企业于 2013 年申报进口货物，申报品名为"赛艇"，艇长 9.4 米，申报编号为 89039900.90"娱乐或运动用其他船舶或快艇（包括划艇及轻舟）"。机场海关审单后提出异议，要求企业复核，企业将申报编号修改为 89039900.10"8 米＜长度＜ 90 米的娱乐或运动用其他机动船舶或快艇（包括划艇及轻舟）"，对应的消费税税率为 10%，机场海关接受了企业修改后的申报，并征收消费税。之后企业提起行政复议，认为其申报的进口货物属于无动力划艇，按照《财政部国家税务总局关于进口环节消费税有关问题的通知》《财政部 国家税务总局关于调整和完善消费税政策的通知》，不应征收消费税。最后，机场海关采纳了企业的意见，主动变更了征税决定。

（2）消费税的计核方式

除了关税，海关在计核消费税和增值税时，都是通过组合公式来计算的，这和国内的消费税与增值税的计算方式不一样，企业一定要引起重视。

消费税的计算包括从价计征、从量计征与复合计征三种方式。

① 从价计征进口环节消费税的计算公式为：

应纳税额 ＝（完税价格 ＋ 实征关税税额）÷（1－ 消费税税率）× 消费税税率

② 从量计征进口环节消费税的计算公式为：

应纳税额 ＝ 货物数量 × 单位消费税税额

③ 复合计征就是同时适用从价计征与从量计征的方式

征收消费税。

【案例 3-2】——从价计征实例

一瓶葡萄酒进口完税价格为 1 000 元人民币。根据 2023 年税则，商品编号为 22042100 的小包装鲜葡萄酿造的酒（小包装指装入两升及以下容器的）的关税最惠国税率为 14%、消费税税率为 10%。税负如下：

关税 =1 000 × 14%=140（元）

消费税 =（1 000+140）÷（1-10%）× 10%=126.67（元）

【案例 3-3】——从量计征实例

商品编码为 22060010 的黄酒的消费税为 0.249 5 元 / 升，进口数量为 10 000 升，则须缴纳的消费税为：

消费税 =10 000 × 0.249 5=2 495（元）

【案例 3-4】——复合计征实例

白酒进口环节消费税采用从价兼从量的方式征收。某企业进口白酒，完税价格为 1 000 000 元，体积为 10 000 升。白酒的关税最惠国税率为 10%，消费税从价税率为

20%，从量税率为 0.912 元 / 升。

关税 =1 000 000 × 10%=100 000（元）

从价消费税 =（1 000 000+100 000）÷（1−20%）× 20%=275 000（元）

从量消费税 = 货物数量 × 单位消费税税额 =10 000 × 0.912=9 120（元）

消费税总额 =275 000+9 120=284 120（元）

（3）后移至国内环节由税务机关征收的消费税

进口货物的消费税并不都是在进口环节由海关征收的，有一部分商品明确要求后移至国内环节，由国内税务机关征收。

【案例 3-5】某企业在进口蓝宝石前，对中国进口货物消费税的征收方式感到困惑，提出了以下三个问题。

（1）进口蓝宝石都是由海关代征消费税吗？

（2）中国海关对进口蓝宝石有终端用户控制程序吗？

（3）蓝宝石进口环节缴纳的消费税可以抵扣吗？

下面针对案例中的这三个问题分别进行说明。

问题一：进口蓝宝石都是由海关代征消费税吗？

原则上，包括蓝宝石在内的所有进口货物，都由海关代征消费税。但是，在国家税务总局有明确规定的情况下，进口货物的消费税后移至国内零售环节。《财政部 国家税务总局关于调整金银首饰消费税纳税环节有关问题的通知》第一条第一款规定："一、改为零售环节征收消费税的金银首饰范围。这次改为零售环节征收消费税的金银首饰范围仅限于：金、银和金基、银基合金首饰，以及金、银和金基、银基合金的镶嵌首饰（以下简称金银首饰）。"《财政部 国家税务总局关于铂金及其制品税收政策的通知》第七条规定："铂金首饰消费税的征收环节由现行在生产环节和进口环节征收改为在零售环节征收，消费税税率调整为5%。"

因此，上述案例中该企业的蓝宝石在进口时除归入"金、银和金基、银基合金的镶嵌首饰"之外，均应在进口环节由海关代征消费税，税率为10%；如以"金、银和金基、银基合金的镶嵌首饰"进口，则后移至国内零售环节征收消费税，税率为5%。裸钻由海关在进口环节征收消费税，镶嵌金银做成首饰则由国内税务机关征收消费税。

问题二：中国海关对进口蓝宝石有终端用户控制程序吗？

中国海关对蓝宝石进口消费税未设定终端用户控制程序。海关在代征消费税时不审查货物的最终用途，货物完税放行后海关不再监管。进口消费品的最终用途仅可能影响已缴纳消费税的抵扣。纳税人如果申请已缴纳税款抵扣，应当按照税务机关的要求，建立相应的台账，接受税务机关的审查。对于上述案例中进口的蓝宝石，如因用于连续生产应税消费品而申请抵扣蓝宝石进口时已经缴纳的消费税，则应当依据《国家税务总局关于印发〈调整和完善消费税政策征收管理规定〉的通知》（国税发〔2006〕49号，以下简称49号通知）附件5的样式，设立抵扣税款台账（委托加工收回、进口从价定率征收的应税消费品）。

问题三：蓝宝石进口环节缴纳的消费税可以抵扣吗？

用于连续生产应税消费品的蓝宝石所缴纳的消费税可以抵扣。49号通知第四条第（一）项规定："进口应税消费品的抵扣凭证为《海关进口消费税专用缴款书》，纳税人不提供《海关进口消费税专用缴款书》的，不予抵扣进口应税消费品已缴纳的消费税。"

《国家税务总局关于消费税若干征税问题的通知》第二条第（二）项规定："对自己不生产应税消费品，而只是购进后再销售应税消费品的工业企业，其销售的粮食白酒、薯类白酒、酒精、化妆品、护肤护发品、鞭炮焰火和珠宝玉石，凡不能构成最终消费品直接进入消费品市场，而需进一步生产加工的（如需进一步加浆降度的白酒及食用酒精，需进行调香、调味和勾兑的白酒，需进行深加工、包装、贴标、组合的珠宝玉石、化妆品、酒、鞭炮焰火等），应当征收消费税，同时允许扣除上述外购应税消费品的已纳税款。"

《国家税务总局关于进一步加强消费税纳税申报及税款抵扣管理的通知》第二条第（一）项规定："从商业企业购进应税消费品连续生产应税消费品，符合抵扣条件的，准予扣除外购应税消费品已纳消费税税款。"

从上述政策中可以看出，只有当进口应税消费品被用于连续生产应税消费品时，已经缴纳的进口应税消费品的消费税才能够抵扣。但应当注意，上述抵扣规则存在例外。《财政部 国家税务总局关于调整金银首饰消费税纳税环节有关问题的通知》第九条规定："金银首饰消费税改变纳税环节以后，用已税珠宝玉石生产的本通知范围内的镶嵌首饰，在计税时一律不得扣除买价或已纳的消费税税款。"因此，若上述案例中进口的蓝宝石用于生产的应税消费品为该通知范围内的镶嵌首饰，则进口时已经缴纳的蓝宝石消费税不得抵扣。

3. 增值税

进口环节，海关按照进出口税则计征增值税。进口环节增值税的计算公式为：

应纳税额＝（完税价格＋实征关税税额＋实征消费税税额）× 增值税税率

总体来说，进口环节的关税、消费税与增值税有以下三个特点。

（1）进口环节的增值税计征方法仅有从价计征，而没有从量计征。

（2）进口环节的关税与消费税是计征进口环节增值税的依据，必须先准确计算出关税与消费税，才能计算出增值税。

（3）进口环节的消费税与增值税都符合条件时，在后续的销售活动中是可以抵扣的，而关税则无法抵扣。正因为这个特点，相对来说，企业往往对关税的税负更加敏感。

（二）物品的税种与税率

1. 物品与货物的区分标准

海关法中的货物、物品通常是通过数量合理且自用的标准来确定的。货物按照前文介绍的方式，分别计征关税、消费税和增值税；而物品则统一征收进口税。

所谓的数量合理，常见的标准是，进境携带的物品不得超过 5 000 元人民币；邮寄进出境的物品单件价值不得超过 1 000 元人民币，个人寄自或寄往港、澳、台地区的物品价值不得超过 800 元人民币。如果仅有一件物品，单价超出上述价值标准，但海关确认是自用的，也可按照物品征税后放行。具体内容可参见《关于调整进出境个人邮递物品管理措施有关事宜》（海关总署公告 2010 年第 43 号）与《关于进境旅客所携行李物品验放标准有关事宜的公告》（海关总署公告 2010 年第 54 号）。

曾有人从境外买了一块高档手表，携带进境准备自用，最终被认定构成走私普通物品罪。很多人对此表示不理解，认为一块手表，自己买回来戴，为什么会构成犯罪呢？之所以有这样的困惑，可能是不了解海关的征税规则。无论是销售还是自用，携带进境的货物除非符合法定条件，否则都是要交税的。用于销售的按照货物计核税款，自用的按照个人物品计核税款。无论是销售还是自用，海关对高档手表都是要征税的，只是征税的方式不同而已。

自 2019 年 4 月 9 日起，根据《国务院关税税则委员会关于调整进境物品进口税有关问题的通知》（税委会〔2019〕17 号），高档手表的进口税率被调整为 50%。

也就是说，即使出境买了块手表确实是为了自用，但只要价格超过 5 000 元，在携带进境时就要向海关申报纳税。如果行为人选择走无申报通道，则可能构成走私犯罪。只是此时的罪名是走私普通物品罪，而不是走私普通货物罪。而且根据前文分析，自用物品计核税款时，税率有可能略高于用于销售的货物。

2. 物品征税

进境物品的归类和税率目前按照《关于调整〈中华人

民共和国进境物品归类表〉和〈中华人民共和国进境物品完税价格表〉的公告》（海关总署公告 2019 年第 63 号）附件 1 执行，完税价格原则上按照附件 2 执行，例外情形下予以调整。

3. 高档手表、高档化妆品进口税的征收

根据 2023 年《进出口税则》，烟、酒，贵重首饰及珠宝玉石，高尔夫球及球具，高档手表，高档化妆品共五大类商品进口税适用 50% 的税率。其中，对手表和化妆品有着明确的档次界定，必须是高档手表与高档化妆品才适用 50% 进口税税率；非高档手表与化妆品适用 20% 进口税税率。

那么，我们应该如何判断手表和化妆品的档次，进而确定适用的税率呢？

《财政部 国家税务总局关于调整和完善消费税政策的通知》（财税〔2006〕33 号）规定："高档手表是指销售价格（不含增值税）每只在 10 000 元（含）以上的各类手表。"《关于调整化妆品消费税政策的通知》（财税〔2016〕103 号）规定："高档美容、修饰类化妆品和高档护肤类化妆品是指生产（进口）环节销售（完税）价格（不含增值税）在 10 元/毫升（克）或 15 元/片（张）及以上的美容、

修饰类化妆品和护肤类化妆品。"

这里需要注意以下两个问题。

第一，进口环节以完税价格作为判定标准，不需要扣除境外的增值税；而国内销售环节则以扣除增值税之后的价格作为判定标准。例如，某游客在瑞士购买一块手表，折合为人民币 10 000 元，其中包含了欧洲的增值税（折合为人民币 1 000 元）。那么，该游客需要向中国海关缴纳进口税 5 000（10 000×50%）元，在欧洲缴纳的增值税是不得从完税价格中扣除的。如果同样的手表在境内专卖店以 1 万元人民币售出，则不需要缴纳消费税，因为手表扣除增值税后的销售价格不到 10 000 元，只有 8 849.56［10 000÷（1+13%）］元。

第二，进境物品进口税的完税价格原则上不以成交价格为准，只有在价格畸高或者畸低的情况下才适用成交价格。

（三）纳税义务人

海关与税务机关对纳税义务人认定的规则是不同的：税务机关以销售方作为纳税义务人，而海关在进口环节将购买方作为纳税义务人，在出口环节才将销售方作为纳税义务人。此外，与税法不同的是，海关法中仅有对纳税义务人的规定，而没有对扣缴义务人的规定。

《中华人民共和国海关法》（以下简称《海关法》）第五十四条规定："进口货物的收货人、出口货物的发货人、进出境物品的所有人，是关税的纳税义务人。"《进出口关税条例》第五条规定："进口货物的收货人、出口货物的发货人、进境物品的所有人，是关税的纳税义务人。"

知识点

问：报关企业有可能承担纳税义务人的法律责任吗？

答：有可能。

《海关法》第十条规定："报关企业接受进出口货物收发货人的委托，以自己的名义办理报关手续的，应当承担与收发货人相同的法律责任。"

因此，报关企业一旦接受了委托，以自己的名义办理报关手续，就可能承担纳税义务人的法律责任。海关有可能向报关企业征收税款及滞纳金。

二、汇率

进出口属于国际贸易，以外币进行结算是非常普遍的。但在向海关缴纳税款时，必须将外币转换为中国的本位币，也就是人民币。因此，企业必须了解汇率的转换规则，在汇率波动比较大时，灵活调整交易时间，可能会为企业创造更多的利润。

《海关进出口货物征税管理办法》第十六条规定："进出口货物的价格及有关费用以外币计价的，海关按照该货物适用税率之日所适用的计征汇率折合为人民币计算完税价格。完税价格采用四舍五入法计算至分。海关每月使用的计征汇率为上一个月第三个星期三（第三个星期三为法定节假日的，顺延采用第四个星期三）中国人民银行公布的外币对人民币的基准汇率；以基准汇率币种以外的外币计价的，采用同一时间中国银行公布的现汇买入价和现汇卖出价的中间值（人民币元后采用四舍五入法保留4位小数）。如果上述汇率发生重大波动，海关总署认为必要时，可以另行规定计征汇率，并且对外公布。"

三、缴税日期及方式

（一）一般规定

2022 年 7 月 15 日，《关于明确进出口货物税款缴纳期限的公告》（海关总署公告 2022 年第 61 号，以下简称 61 号公告）正式发布，对进出口货物税款缴纳期限和方式做出了明确的规定。具体涉及以下几方面的内容。

1. 税款缴纳通知书统一采取推送的方式

随着无纸化办公的推进和放管服改革的深入，纸质的税款缴纳通知书逐渐退出历史舞台。根据 61 号公告第一条："海关制发税款缴纳通知并通过'单一窗口'和'互联网＋海关'平台推送至纳税义务人。"纳税义务人只需要登录"单一窗口"和"互联网＋海关"企业端，就可以获取有关纳税的实时信息。

2. 明确税款征收的准确期限与法律责任

随着通关便利化改革，海关总署推出了许多便利企业的具体举措，其中一项是汇总征税。这项举措使海关征收税款的方式突破了以往"落地完税"的惯例，企业在缴纳税款的期限方面有了一定的自主权。

根据 61 号公告第二条："纳税义务人应当自海关税款缴纳通知制发之日起 15 日内依法缴纳税款；采用汇总征税模式的，纳税义务人应当自海关税款缴纳通知制发之日起 15 日内或次月第 5 个工作日结束前依法缴纳税款。未在上述期限内缴纳税款的，海关自缴款期限届满之日起至缴清税款之日止，按日加收滞纳税款万分之五的滞纳金。"

除失信企业以外，所有海关注册登记企业均可适用汇总征税模式，汇总征税企业是指进出口报关单上的收发货人。有汇总征税需求的企业，应当向注册地直属海关关税职能部门提交税款总担保备案申请。施行汇总征税的企业应于每月第 5 个工作日结束前，完成上月应纳税款的汇总电子支付。税款缴库后，企业担保额度自动恢复。

3. 纳税义务人自行打印完税凭证

《海关专用缴款书》也被称为海关税单，是企业向海关缴纳税款的法律凭证，也是企业进行会计处理、税款抵扣等事务的重要凭据。企业以海关税费电子支付方式缴纳税款后，即可通过"互联网＋海关"一体化网上办事平台或国际贸易"单一窗口"标准版下载具有法律效力的电子税单，并自行打印。

针对《海关专用缴款书》，实务中经常有人会问以下两个问题。

问题一：电子版《海关专用缴款书》可以作为会计处理和归档保管的依据吗？

企业、单位满足《会计档案管理办法》第八条、第九条所列条件的，可以电子版《海关专用缴款书》为依据进行会计处理并归档保管；不满足第八条、第九条所列条件的，应以电子《海关专用缴款书》数据流文件为依据进行会计处理，并对电子《海关专用缴款书》进行归档，同时自行打印版式文件进行归档。归档时，应建立纸质文档与对应的电子文件的关联关系。

《会计档案管理办法》第八条规定："同时满足下列条件的，单位内部形成的属于归档范围的电子会计资料可仅以电子形式保存，形成电子会计档案：

（一）形成的电子会计资料来源真实有效，由计算机等电子设备形成和传输；

（二）使用的会计核算系统能够准确、完整、有效接收和读取电子会计资料，能够输出符合国家标准归档格式的会计凭证、会计账簿、财务会计报表等会计资料，设定了经办、审核、审批等必要的审签程序；

（三）使用的电子档案管理系统能够有效接收、管理、利用电子会计档案，符合电子档案的长期保管要求，并建立了电子会计档案与相关联的其他纸质会计档案的检索关系；

（四）采取有效措施，防止电子会计档案被篡改；

（五）建立电子会计档案备份制度，能够有效防范自然灾害、意外事故和人为破坏的影响；

（六）形成的电子会计资料不属于具有永久保存价值或者其他重要保存价值的会计档案。"

第九条规定："满足本办法第八条规定条件，单位从外部接收的电子会计资料附有符合《中华人民共和国电子签名法》规定的电子签名的，可仅以电子形式归档保存，形成电子会计档案。"

问题二：双抬头《海关专用缴款书》是什么意思？谁有权凭此进行税款抵扣？

企业在打印《海关专用缴款书》的缴款单位名称时，会默认打印出"消费使用单位"。因此，如果需要打印双抬头，企业在支付税款时应选择"收发货人"。如果选择了"消费使用单位"，则打印出的《海关专用缴款书》为单抬头。

为什么会出现双抬头的《海关专用缴款书》？这是由《海关专用缴款书》的性质所决定的。报关企业接受进出口货物收发货人的委托，以自己的名义办理报关手续的，应当承担与收发货人相同的法律责任。委托人委托报关企业办理报关手续的，应当向报关企业提供所委托报关事项的真实情况；报关企业接受委托办理报关手续的，应当对委托人所提供情况的真实性进行合理审查。也就是说，海关增值税专用缴款书是开给可能的纳税义务人的，谁去把税交了都可以。对于海关来说，纳税义务主体不止一个，所以就出现了所谓双抬头的《海关专用缴款书》。至于交了税之后谁拿着缴款书抵扣国内环节增值税，并不是海关关注的重点。

根据税务规定，双抬头缴款书上的两个单位都可以进行增值税的抵扣，代理进口单位可以直接凭缴款书原件抵扣，委托进口单位则除了缴款书原件，还必须提供委托代理合同及付款凭证，证明委托关系存在才能抵扣。

4. 税款缴纳期限计算中需要注意的问题

纳税义务人应当自海关税款缴纳通知制发之日起 15 日内依法缴纳税款；采用汇总征税模式的，纳税义务人应当自海关税款缴纳通知制发之日起 15 日内或次月第 5 个工作日结束前依法缴纳税款。实践当中，很多企业对上述有关缴纳期限的规定存有疑问，主要集中在以下几个方面。

第一，自海关税款缴纳通知制发之日起 15 日内，究竟是从哪一天开始计算，海关制发税款缴纳通知的当天是否属于第一天，企业是否可以在当天缴纳税款呢？海关法对此并未做出明确的规定，但实践中，15 日通常从海关税款缴纳通知制发之日的次日起计算，当天不计入。

第二，15 日的最后一天如果正好是休息日或者法定节假日，税款缴纳期限会顺延吗？会的。根据规定，税款缴纳期限届满日遇星期六、星期日等休息日或者法定节假日的，应当顺延至休息日或者法定节假日之后的第一个工作日。国务院临时调整休息日与工作日的，海关应当按照调整后的情况计算缴纳期限。

第三，15 日的第一天如果是休息日，是否应当计算在内？在这个问题上，一定要将税款的缴纳期限与滞报金区分开来。根据规定，滞报金起征日遇有休息日或者法定节假日的，顺延至休息日或者法定节假日之后的第一个工作日。国务院临时调整休息日与工作日的，海关应当按照调整后的情况确定滞报金的起征日。与滞报金不同，61 号公告所规定的税款缴纳期限首日如果是休息日或者法定节假日，并不影响 15 天的计算方式。

最后需要提示的是，企业缴纳税款的时间要留有提前量。尽管 61 号公告给了企业至少 15 天的纳税时间，企业在实际操作中，还是应当留有一定的提前量，不要等到最后一天缴税。

（二）公式定价的特殊情形

2021 年 6 月 18 日，海关总署颁布了《关于公式定价进口货物完税价格确定有关问题的公告》（海关总署公告 2021 年第 44 号，以下简称 44 号公告），并于 2021 年 9 月 1 日正式实施。规定符合 44 号公告公式定价条件的货物，自申报进口之日起 6 个月内不能确定结算价格的，海关根据《审价办法》《内销保税货物审价办法》的相关规定审查确定完税价格。经纳税义务人申请，申报地海关同意，可以延长结算期限至 9 个月。以下四个方面的内容需要企业特别注意。

1. 扩大了公式定价的适用范围

例如，芯片企业在进口晶圆时，有多少废片在进口时可能是无法确定的；大宗铁矿石进口时，企业可能仅仅将成分含量作为价格的调整因素。这些交易场景原来都是无法适用公式定价申报的，但 44 号公告生效后，可以考虑通过公式定价进行申报。适用条件的放宽，给了企业商业活动更大的自由度，为企业的合规申报提供了解决方案。

2. 增加了公式定价确认和暂定价格确认两项报关单填制要求

44 号公告明确了两项新的填报内容：公式定价确认和暂定价格确认。

在公式定价确认项的填报中，强调定价方式，而不强调价格在进口时是否已经确定。例如，国内收货人甲公司从境外购进电解铜，约定了以甲公司点价为结算基础的定价公式。进口时，甲公司可能行使了点价权，也可能没有行使；结算价格可能确定了，也可能未确定，但不管怎样，报关单均应当以公式定价进行申报，因为合同约定的是定价公式。

在公式定价确认的基础上，上例中的问题通过暂定价格确认的填报方式解决。如果进口时甲公司已经点价，结算价格已经形成，则暂定价格确认填报"否"；如果进口时甲公司未点价，结算价格未形成，则暂定价格确认填报"是"。

3. 丰富了备案表的填报内容

44号公告极大地细化了公式定价备案表的申报项目，这对于避免后续的关企纠纷，增强企业对商业活动合法性的预判，具有重要的作用。

例如，备案表中增加了"作价基础"的填报内容。此处，企业应当明确约定定价公式所参考的价格指数。从以往的稽查案例来看，这一点具有重要的意义。以往，企业在稽查中经常提出，作价基础是援引了某个网站或者某个杂志的报价，而海关则不认可，认为这些网站或者杂志的权威性不足。44号公告实施之后，作价基础直接摆在了桌面上，海关自收齐《备案表》及相关材料之日起3个工作日内完成备案确认。如果完成了备案，则说明关企就作价基础达成了一致的认识；如果因为作价基础的价格来源权威性不被海关接受，未完成备案，则企业也可以早做准备，及时调整，从而避免后续纠纷的产生。

4. 删除了备案结果全国互认以及总量核销的表述

44 号公告删除了备案结果全国互认以及总量核销的表述。备案的效力如何、是否继续实施总量核销，还需关注海关总署的后续规定。

04

第四章
特定情形下进口环节的征税

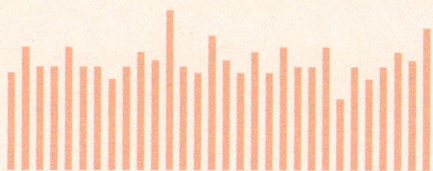

进口环节的增值税和消费税原则上都是由海关代征的，但是在特定情形下，进口环节的增值税与消费税并不由海关征收，而是由税务机关征收，同时需要海关与税务机关的分工协作。

一、特许权使用费

本书第二章已经介绍过海关对特许权使用费的估价与认定标准，下面重点介绍税务机关针对特许权使用费的征税，以及由此可能产生的双重征税现象。

（一）税务机关的源泉扣缴

出于税收征管上的便利，税务机关并不直接向作为纳税义务人的境外特许权授权方征税，而是通过源泉扣缴的方式通过境内的支付人代扣代缴。

1. 扣缴税款的时间

2017 年 12 月 1 日，《国家税务总局关于非居民企业所

得税源泉扣缴有关问题的公告》（国家税务总局公告 2017
年第 37 号，以下简称 37 号公告）正式开始实施。企业所
得税扣缴义务发生之日与增值税的区别加大：税种不同，
扣缴义务发生之日可能不同，应区别对待。

对于企业所得税扣缴义务发生之日，37 号公告做出了
原则性规定，即扣缴义务人扣缴企业所得税的，应当按照
扣缴义务发生之日人民币汇率中间价折合成人民币，计算
非居民企业应纳税所得额。扣缴义务发生之日为相关款项
实际支付或者到期应支付之日。同时，淡化了约定支付期
限对确定扣缴义务发生之日的影响。扣缴义务人应当自扣
缴义务发生之日起 7 日内向扣缴义务人所在地主管税务机
关申报和解缴代扣税款。扣缴义务人发生到期应支付而未
支付情形的，应按照《国家税务总局关于非居民企业所得
税管理若干问题的公告》（国家税务总局公告 2011 年第 24
号，以下简称 24 号公告）第一条的规定进行税务处理。非
居民企业取得应源泉扣缴的所得为股息、红利等权益性投
资收益的，相关应纳税款扣缴义务发生之日为股息、红利
等权益性投资收益实际支付之日。非居民企业采取分期收
款方式取得应源泉扣缴所得税的同一项转让财产所得的，

其分期收取的款项可先视为收回以前投资财产的成本，待成本全部收回后，再计算并扣缴应扣税款。

24号公告第一条规定："中国境内企业（以下称为企业）和非居民企业签订与利息、租金、特许权使用费等所得有关的合同或协议，如果未按照合同或协议约定的日期支付上述所得款项，或者变更或修改合同或协议延期支付，但已计入企业当期成本、费用，并在企业所得税年度纳税申报中作税前扣除的，应在企业所得税年度纳税申报时按照企业所得税法有关规定代扣代缴企业所得税。

如果企业上述到期未支付的所得款项，不是一次性计入当期成本、费用，而是计入相应资产原价或企业筹办费，在该类资产投入使用或开始生产经营后分期摊入成本、费用，分年度在企业所得税前扣除的，应在企业计入相关资产的年度纳税申报时就上述所得全额代扣代缴企业所得税。

如果企业在合同或协议约定的支付日期之前支付上述所得款项的，应在实际支付时按照企业所得税法有关规定代扣代缴企业所得税。"

根据上述规定，扣缴义务人如果未按照合同约定的日期对外付汇，则在企业所得税的扣缴义务上并不存在任何违规之处，扣缴义务人不需要事先修改合同中的付款期限或者事后承担滞纳金。企业所得税项下的扣缴义务发生之日，将依据37号公告和24号公告的规定，自动顺延至实际支付之日或者企业进行资本化、费用化处理的相应纳税年度。

这一点，与增值税的扣缴义务发生之日存在着明显的区别，其中的合规风险应当引起重视。营改增之后，服务贸易对外付汇的税种由营业税切换为增值税，由此带来了扣缴税款时间的变化。

增值税纳税义务、扣缴义务发生时间为：纳税人发生应税行为并收讫销售款项或者取得索取销售款项凭据的当天；先开具发票的，为开具发票的当天。增值税扣缴义务发生时间为纳税人增值税纳税义务发生的当天。增值税纳税义务发生时间采取了票先、款先、合同先的孰先原则。在非居民企业已经提供了应税服务的情况下，即使境内付款方未开具增值税发票、未实际付款，但只要合同约定的付款日期届满，则境内付款方的代扣代缴义务即已经发生。如果境内付款方未按期代扣代缴，则可能受到税务机关的处罚。

假设某非居民企业与境内关联企业约定，非居民企业授权境内关联企业使用非居民企业商标，并应在 2023 年 6 月 1 日支付商标使用费。境内关联企业 2023 年 9 月 1 日实际支付了上述费用，并计入企业当期成本、费用，在企业所得税年度纳税申报中作税前扣除。境内关联企业只要在 2023 年企业所得税年度纳税申报时按照企业所得税法有关规定代扣代缴企业所得税即可，延迟支付并未增加扣缴义务人的负担，也未产生实质性的影响。但上述延迟支付，会因延迟扣缴增值税而给扣缴义务人带来滞纳金风险，以及其他税务处罚。

2. 扣缴税款适用的汇率

海关征税，无论是关税还是增值税、消费税，每月使用的计征汇率为上一个月第三个星期三（第三个星期三为法定节假日的，顺延采用第四个星期三）中国人民银行公布的外币对人民币的基准汇率。对海关来说，在同一个月份内进行的所有交易的汇率都是相同的。

相比之下，税务机关适用的汇率则要区分具体的税种和交易类型。

（1）增值税汇率

根据规定，纳税人按人民币以外的货币结算销售额的，其销售额的人民币折合率可以选择销售额发生的当天或者当月1日的人民币汇率中间价。纳税人应在事先确定采用何种折合率，确定后1年内不得变更。

（2）企业所得税汇率

企业所得以人民币以外的货币计算的，预缴企业所得税时，应当按照月度或者季度最后一日的人民币汇率中间价，折合成人民币计算应纳税所得额。年度终了汇算清缴时，对已经按照月度或者季度预缴税款的，不再重新折合计算，只就该纳税年度内未缴纳企业所得税的部分，按照纳税年度最后一日的人民币汇率中间价，折合成人民币计算应纳税所得额。

经税务机关检查确认，企业少计或者多计前款规定的所得的，应当先按照检查确认补税或者退税时的上一个月最后一日的人民币汇率中间价，将少计或者多计的所得折合成人民币计算应纳税所得额，再计算应补缴或者应退的税款。

扣缴义务人支付或者到期应支付的款项以人民币以外

的货币支付或计价的，分别按以下情形进行外币折算。

①扣缴义务人扣缴企业所得税的，应当按照扣缴义务发生之日人民币汇率中间价折合成人民币，计算非居民企业应纳税所得额。扣缴义务发生之日为相关款项实际支付或者到期应支付之日。

②取得收入的非居民企业在主管税务机关责令限期缴纳税款前自行申报缴纳应源泉扣缴税款的，应当按照填开税收缴款书之日前一日人民币汇率中间价折合成人民币，计算非居民企业应纳税所得额。

③主管税务机关责令取得收入的非居民企业限期缴纳应源泉扣缴税款的，应当按照主管税务机关作出限期缴税决定之日前一日人民币汇率中间价折合成人民币，计算非居民企业应纳税所得额。

需要注意的是，上述规定虽然均是关于预提所得税的汇率换算问题，但却针对不同的税目。37号公告的规定仅针对源泉扣缴的情形，对于非源泉扣缴的税目则不适用，如境内企业对外支付工程作业和劳务所得等。

（二）双重征税

对于特许权使用费，可能涉及海关与税务机关的双重征税，因为其同时满足了海关与税务机关的征税条件。

从税务机关的角度来看，支付特许权使用费，就是境外企业向境内销售了服务，所以境内企业对外付汇时，必须提交税务备案表，通常在源泉扣缴了 6% 的增值税和 10% 的企业所得税后，再将剩余部分汇出境外。例如，境内企业进口一台机床，除了首笔随报关单一起支付的款项，企业在对外支付后期特许权使用费时，还必须先向税务机关缴纳增值税和企业所得税，因为从税务机关的角度来看，特许权使用费所得是因为境外企业向境内企业提供服务产生的。而从海关的角度来看，只要符合海关征税的条件，无论境内企业是否向税务机关纳税，都必须向海关缴纳税款。

根据《海关审定进出口货物完税价格办法》第十一条："以成交价格为基础审查确定进口货物的完税价格时，未包括在该货物实付、应付价格中的下列费用或者价值应当计入完税价格。

（一）由买方负担的下列费用：

1. 除购货佣金以外的佣金和经纪费；

2. 与该货物视为一体的容器费用；

3. 包装材料费用和包装劳务费用。

（二）与进口货物的生产和向中华人民共和国境内销售有关的，由买方以免费或者以低于成本的方式提供，并且可以按适当比例分摊的下列货物或者服务的价值：

1. 进口货物包含的材料、部件、零件和类似货物；

2. 在生产进口货物过程中使用的工具、模具和类似货物；

3. 在生产进口货物过程中消耗的材料；

4. 在境外进行的为生产进口货物所需的工程设计、技术研发、工艺及制图等相关服务。

（三）买方需向卖方或者有关方直接或者间接支付的特许权使用费，但是符合下列情形之一的除外：

1. 特许权使用费与该货物无关；

2. 特许权使用费的支付不构成该货物向中华人民共和国境内销售的条件。

（四）卖方直接或者间接从买方对该货物进口后销售、处置或者使用所得中获得的收益。

纳税义务人应当向海关提供本条所述费用或者价值的

客观量化数据资料。纳税义务人不能提供的，海关与纳税义务人进行价格磋商后，按照本办法第六条列明的方法审查确定完税价格。"

企业如何避免双重征税？目前主要有以下两种方法。

第一种，尽可能将特许权使用费放在货物进口同时，与报关单一起申报，向海关缴纳税款。通常，国内税务机关对于已经以货物贸易缴纳过税款的特许权使用费，不会再次征税。

第二种，就是否应税配合海关和税务机关稽查。由于专有技术或者专利具有复杂性，有些企业的关务人员、税务人员对自家专利的具体情况可能并不清楚，如专利的用途、对应的产品、研发的过程等。海关和税务机关都拥有核定的权利，发现疑点后，会给企业解释的机会，企业如果自己说不清楚，海关与税务机关就有可能以各自的标准进行核定。

【案例 4-1】某企业从国外进口整条生产线，总价值 1 亿元。该企业与外方签订的合同中注明，境外企业负责：（1）境外的设备拆除费用；（2）境外运输费用；（3）生产线包含的特许权使用费；（4）境内的安装费用；（5）境内员工的培训费用；（6）境内生产线的组装调试费用；（7）其他技术支持费用和管理费用。

企业相关培训与生产线组装调试共持续了一年。

上述案例中的企业签订这样的合同，海关与税务机关会因无法确定应当征收的范围，而依据各自的规定核定征收税款。

海关的执法依据为《海关审定进出口货物完税价格办法》，其中第十五条明确规定："进口货物的价款中单独列明的下列税收、费用，不计入该货物的完税价格：

（一）厂房、机械或者设备等货物进口后发生的建设、安装、装配、维修或者技术援助费用，但是保修费用除外；

（二）进口货物运抵中华人民共和国境内输入地点起卸后发生的运输及其相关费用、保险费；

（三）进口关税、进口环节海关代征税及其他国内税；

（四）为在境内复制进口货物而支付的费用；

（五）境内外技术培训及境外考察费用。"

在企业进口生产线的 1 亿元总价中，确实有很多不应当计入完税价格的费用，如第（4）、（5）、（6）项费用，第（7）项费用没有具体的指向，是否应当计入完税价格不明确。企业这种打包报价的方式，不符合"单独列明"的要求，海关可以依法将 1 亿元总价全部计入完税价格征收税款。

税务机关的执法依据为《非居民企业所得税核定征收管理办法》。税务机关对设备买卖本身是不计征税款的，仅对国内发生的设备安装与培训征税。对于案例 4-1 中企业这种打包的报价方式，税务机关无法确定设备安装与培训的对应收入，只能采取核定征收税款的方式。《非居民企业所得税核定征收管理办法》第六条规定："非居民企业与中国居民企业签订机器设备或货物销售合同，同时提供设备安装、装配、技术培训、指导、监督服务等劳务，其销售货物合同中未列明提供上述劳务服务收费金额，或者计价不合理的，主管税务机关可以根据实际情况，参照相同或相近业务的计价标准核定劳务收入。无参照标准的，以不低于销售货物合同总价款的 10% 为原则，确定非居民企业的劳务收入。"因此，税务机关核定的劳务收入应该为 1 000 万元，甚至更高。

在这种双重核定的执法模式中，企业很可能要多缴纳税款。但其发生的根源，在于企业打包定价的做法。

（三）增值税税改新政对双重征税的影响

自 2019 年 4 月 1 日起，《财政部 税务总局 海关总署关于深化增值税改革有关政策的公告》（财政部 税务总局 海关总署公告 2019 年第 39 号，以下简称 39 号公告）正式生效，其中的降低税率、留抵退税、加计抵减等多项税收新政，都对特许权使用费的征税格局产生了重要影响。具体体现在以下三个方面。

1. 增值税税率的显著降低

根据 39 号公告的规定，增值税一般纳税人（以下称纳税人）发生增值税应税销售行为或者进口货物，原适用 16% 税率的，税率调整为 13%；原适用 10% 税率的，税率调整为 9%。纳税人购进农产品，原适用 10% 扣除率的，扣除率调整为 9%。纳税人购进用于生产或者委托加工 13% 税率货物的农产品，按照 10% 的扣除率计算进项税额。

针对特许权使用费，海关是按照货物贸易代征增值税的，根据 39 号公告的规定，海关代征的增值税税率从 16% 降为 13%；税务机关是按照服务贸易征收增值税的，征收的增值税税率维持不变，仍为 6%。总体来说，企业的增值税税率降低了 3 个百分点。

降税的直接影响是，在模棱两可的情况下，更多的企业可能会选择将特许权使用费随进口的货物一并向海关申报纳税。仅从税负来比较，向海关还是向税务机关申报基本持平。但是，考虑到分别两次报税的人工成本，多数企业可能会选择向海关申报纳税。对于低关税甚至零关税的进口商品的经营者来说，在海关完税的积极性会更高。

2. 增值税增量留抵退税全面推开

39 号公告第八条规定："自 2019 年 4 月 1 日起，试行增值税期末留抵税额退税制度。

（一）同时符合以下条件的纳税人，可以向主管税务机关申请退还增量留抵税额：

1. 自 2019 年 4 月税款所属期起，连续六个月（按季纳税的，连续两个季度）增量留抵税额均大于零，且第六

个月增量留抵税额不低于 50 万元;

2. 纳税信用等级为 A 级或者 B 级;

3. 申请退税前 36 个月未发生骗取留抵退税、出口退税或虚开增值税专用发票情形的;

4. 申请退税前 36 个月未因偷税被税务机关处罚两次及以上的;

5. 自 2019 年 4 月 1 日起未享受即征即退、先征后返(退)政策的。

(二)本公告所称增量留抵税额,是指与 2019 年 3 月底相比新增加的期末留抵税额。

(三)纳税人当期允许退还的增量留抵税额,按照以下公式计算:

允许退还的增量留抵税额 = 增量留抵税额 × 进项构成比例 ×60%"

增值税留抵退税,将进一步缓解双重征税所带来的资金压力。在留抵退税开始之前,一笔特许权使用费分别在海关和税务局被征税,分别取得了海关增值税完税凭证和增值税专用发票。海关增值税完税凭证和增值税专用发票在实操中均可作为增值税抵扣凭证,这就相当于一笔销项税对应了两笔进项税，从而极有可能形成留抵的增值税进项税额。在留抵退税开始之前，企业如果最终凭借海关增值税完税凭证和增值税专用发票抵扣了税款，则双重征税实质上被消除了，所丧失的只是资金的占用成本；如果最终未抵扣，则税负成本全部沉淀，企业就实实在在地承受了双重征税。

因此，从特许权使用费的减负来看，这次税改最大的利好群体是境内的零售企业。对于跨境电商或者手表、珠宝等奢侈品行业，因为直接的购买群体多为个人，企业无法开出增值税专用发票，同时又不符合简易计税条件的，可以通过申请留抵退税来缓解双重征税所带来的压力。

3. 特定行业加计抵减

《关于明确增值税小规模纳税人减免增值税等政策的公告》（财政部 税务总局公告 2023 年第 1 号）第三条规定："自 2023 年 1 月 1 日至 2023 年 12 月 31 日，增值税加计抵减政策按照以下规定执行。

（一）允许生产性服务业纳税人按照当期可抵扣进项税额加计 5% 抵减应纳税额。生产性服务业纳税人，是指提供邮政服务、电信服务、现代服务、生活服务取得的销售额占全部销售额的比重超过 50% 的纳税人。

（二）允许生活性服务业纳税人按照当期可抵扣进项税额加计 10% 抵减应纳税额。生活性服务业纳税人，是指提供生活服务取得的销售额占全部销售额的比重超过 50% 的纳税人。

（三）纳税人适用加计抵减政策的其他有关事项，按照《财政部 税务总局 海关总署关于深化增值税改革有关政策的公告》（财政部 税务总局 海关总署公告 2019 年第 39 号）、《财政部 税务总局关于明确生活性服务业增值税加计抵减政策的公告》（财政部 税务总局公告 2019 年第 87 号）等有关规定执行。"

对于符合加计抵减条件的企业来说，进口环节双重征税似乎又变成了一种优势。例如，假设境内 A 公司在货物进口后根据计提金额向境外母公司支付了特许权使用费，A 公司向海关补缴增值税 13 万元，向税务机关缴纳增值税 6 万元，共计 19 万元。在符合加计抵减条件时，A 公司可以加计抵减 1.9 万元，这对于进项票和销项票比较均衡、经营连续的企业来说，也是一种实实在在的税收优惠。

（四）税务机关的减免税规定

对于特许权使用费，财政部、国家税务总局在增值税和企业所得税方面均有着明确的减免税规定。目前，国家税务总局对于此类减免税采取了"自行判断、申报享受、相关资料留存备查"的做法，企业直接申报即可享受，并接受税务机关的后续管理。与海关的减免税相比，税务机关的减免税监管手续更为便捷，且没有明确的后续监管期限的规定。

（1）在增值税方面，根据规定，纳税人提供技术转让、技术开发和与之相关的技术咨询、技术服务，免征增值税。技术转让、技术开发，是指《销售服务、无形资产、不动产注释》中"转让技术""研发服务"范围内的业务活动。从税目上来看，特许权使用费应当归入技术转让服务。

（2）在企业所得税方面，《中华人民共和国企业所得税法》（以下简称《企业所得税法》）与《中华人民共和国企业所得税法实施条例》同样有着减免税的规定，即一个纳税年度内，居民企业技术转让所得不超过 500 万元的部分，免征企业所得税；超过 500 万元的部分，减半征收企业所得税。但应当注意的是，技术转让的企业所得税税收优惠仅限于居民企业，非居民企业无法享受。

二、租赁

（一）增值税与消费税征税后移：以租赁进口飞机为例

在 2018 年 6 月 1 日之前，海关对所有贸易方式进口的飞机均征收关税和代征增值税。2018 年 6 月 1 日，《国家税务总局 海关总署关于进口租赁飞机有关增值税问题的公告》（国家税务总局公告 2018 年第 24 号，以下简称 24 号公告）正式生效，海关的征税范围发生了变化。24 号公告规定："自 2018 年 6 月 1 日起，对申报进口监管方式为 1500（租赁不满一年）、1523（租赁贸易）、9800（租赁征税）的租赁飞机（税则品目：8802），海关停止代征进口环节增值税。进口租赁飞机增值税的征收管理，由税务机关按照现行增值税政策组织实施。"由此，自 2018 年 6 月 1 日起，以租赁方式进口的飞机，无论是融资租赁还是经营租赁，无论空载重量多少，海关不再代征增值税。

实操中，企业需要注意以下三点：

第一，海关不再代征增值税仅限于租赁进口的飞机，对于一般贸易方式进口的飞机，海关仍代征增值税；

第二，租赁进口的飞机，海关不再代征增值税，但关税还是由海关征收，因此海关总署一系列审定飞机进口价格的文件仍然有效；

第三，海关不再代征增值税的租赁进口的货物仅限于飞机（税则品目：8802），其他租赁进口的货物仍然要由海关征收关税，同时依法代征增值税。

（二）租赁中的双重征税

当货物以租赁方式进口时，同样会出现双重征税的情况。同样一个租赁行为，海关与税务机关可能会有不同的解读方式。例如，荷兰某公司向中国公司出租一台光刻机。对于海关来说，中国公司从事了货物贸易，应当缴纳进口环节的税收；对于税务机关来说，荷兰公司从事了服务贸易，具体为现代服务业中的动产租赁服务。荷兰公司取得了来源于中国的所得，因此应当缴纳增值税和企业所得税。在实际操作中，荷兰公司虽然是名义上的纳税义务人，但税款通常由中国公司进行源泉扣缴。中国公司代荷兰公司缴纳税款后，凭借取得的服务贸易等项目对外支付税务备案表，到银行办理外汇的汇出手续。

海关对融资租赁和经营性租赁的征税方式是相同的，但税务机关对融资租赁进口则有着特殊的税收优惠政策。

1. 增值税差额征税

《财政部 国家税务总局关于全面推开营业税改征增值税试点的通知》（财税〔2016〕36号）附件2规定：

"（1）经人民银行、银监会或者商务部批准从事融资租赁业务的试点纳税人，提供融资租赁服务，以取得的全部价款和价外费用，扣除支付的借款利息（包括外汇借款和人民币借款利息）、发行债券利息和车辆购置税后的余额为销售额。

（2）经人民银行、银监会或者商务部批准从事融资租赁业务的试点纳税人，提供融资性售后回租服务，以取得的全部价款和价外费用（不含本金），扣除对外支付的借款利息（包括外汇借款和人民币借款利息）、发行债券利息后的余额作为销售额。"

2. 企业所得税差额征税

能否享受企业所得税差额征税，以是否留购为判断标准，留购的融资租赁可以享受差额征税。根据《国家税务总局关于非居民企业所得税管理若干问题的公告》(国家税务总局公告 2011 年第 24 号)的规定，在中国境内未设立机构、场所的非居民企业，以融资租赁方式将设备、物件等租给中国境内企业使用，租赁期满后设备、物件所有权归中国境内企业(包括租赁期满后作价转让给中国境内企业)，非居民企业按照合同约定的期限收取租金，应以租赁费(包括租赁期满后作价转让给中国境内企业的价款)扣除设备、物件价款后的余额，作为贷款利息所得计算缴纳企业所得税，由中国境内企业在支付时代扣代缴。

3. 税目税率

由于受到国际税收协定的影响，融资租赁的税目比较复杂，适用的税率也要依靠具体的税收协定来判断。具体分为以下两种情况。

第一，在转移所有权的情况下，租金归入税收协定中的利息条款，具体的协定税率可以登录国家税务总局网站查询，增值税的税率通常为 6%，企业所得税的税率不超过 10%。在无税收协定的情况下，企业所得税按照 10% 征收。

第二，在不转移所有权的情况下，租金归入特许权使用费条款或者其他所得条款，具体的协定税目税率可以登录国家税务总局网站查询。

我们仍然以荷兰某公司出租光刻机（租金为 1 亿元人民币，租赁期限为一年）为例。根据《中华人民共和国政府和荷兰王国政府对所得避免双重征税和防止偷漏税的协定》，荷兰公司适用 6% 的企业所得税税率。同时，国际税收协定通常仅对企业所得税做出特别规定，对空运及海运之外其他交易的增值税并无优惠规定。因此，荷兰公司适用的增值税税率为 13%，与国内税法确定的增值税税率保持一致。

荷兰公司与中国公司作为纳税义务人，应分别承担并缴纳如下税款。

（1）荷兰公司需要缴纳的税款

这个业务中，荷兰公司需要缴纳增值税和企业所得税，但实际执行中多由支付租金的中国公司向税务机关代扣代缴。

$$荷兰公司需缴纳的增值税 =1 \div （1+13\%）\times 13\%$$
$$=0.12（亿元）$$

$$荷兰公司需缴纳的企业所得税 =（1-0.12）\times 6\%$$
$$=0.053（亿元）$$

在这个计算过程中，我们应当注意增值税附加税费的变化。《中华人民共和国城市维护建设税法》自 2021 年 9 月 1 日起开始施行。该法第三条明确规定，对进口货物或者境外单位和个人向境内销售劳务、服务、无形资产缴纳的增值税、消费税税额，不征收城市维护建设税和教育附加费。

（2）中国公司需要缴纳的税款

根据规定，商品编码 8486203100 "制造半导体器件或集成电路用分步重复光刻机"关税的最惠国税率为 0，消费税税率为 0，增值税税率为 13%。中国公司不需要缴纳进口环节的关税与消费税，只需要缴纳增值税。

中国公司需要缴纳的增值税 =（完税价格 + 实征关税税额 + 实征消费税税额）× 增值税税率 =（1+0+0）× 13%=0.13（亿元）

在这个计算过程中，要特别注意关税、消费税、增值税之间的顺位关系，必须先计算关税，再计算消费税，最后计算增值税。

最后，对于1亿元的租金，海关和税务机关有着不同的表述，海关称为完税价格，税务机关称为销售金额。两者最大的区别是，海关完税价格在计算税款时是直接计算的，不需要扣除增值税税款；而税务机关默认的销售金额是含税的，这就要求企业在计算增值税与企业所得税时，必须先将含税的销售金额转换为不含税的。

三、包税对税款计算的影响

依据我国税法的规定，非居民企业对于源自中国境内的所得负有依法缴纳增值税和预提企业所得税的义务，在具体的操作中往往由境内的付款方代扣代缴。但一些境外的非居民企业会希望境内进口方"包税"，也就是非居民企业获取的款项是到手价。合同中一旦出现这样的"包税"条款，海关与税务机关计征税款的方式均会发生变化，这一点应当引起进出口企业的高度重视。

在前述示例中，我们假设荷兰公司与中国公司约定的租金为到手价，也就是中国公司承担了本应由荷兰公司承担的税款，在扣除税务机关征收的增值税和企业所得税后，中国公司向荷兰公司支付 1 亿元租金。这种约定就是"包税"的约定，它将导致海关税收与税务机关的税收规则均发生变化。

（一）税务机关税收规则的变化

"包税"条款影响企业所得税的税前扣除。按照《企业所得税法》的规定，国内进口商代扣代缴的税款是可以进行企业所得税税前扣除的。但对于"包税"所产生的替代境外非居民企业所承担的税款，不得税前扣除，因为其并非生产经营所必须；已经扣除的，应当做相应调增的税务处理。

"包税"条款影响增值税应纳税所得额的计算。根据规定，境外单位或者个人在境内发生应税行为，在境内未设有经营机构的，扣缴义务人按照下列公式计算应扣缴税额：

应扣缴税额＝购买方支付的价款 ÷（1＋税率）× 税率

其中，**"购买方支付的价款"指的是含税价**。签订"包税"条款后，国内进口方在代扣代缴税款时，必须将所约定的扣除税款后的"到手价"先转换为含税价，而不能直接以所支付的金额计算应当代扣代缴的增值税，否则即存在偷逃税款的嫌疑。

扣缴义务人与非居民企业签订与《企业所得税法》第三条第三款规定的所得有关的业务合同时，凡合同中约定由扣缴义务人实际承担应纳税款的，应将非居民企业取得的不含税所得换算为含税所得计算并解缴应扣税款。

《企业所得税法》第三条第三款规定："非居民企业在中国境内未设立机构、场所的，或者虽设立机构、场所但取得的所得与其所设机构、场所没有实际联系的，应当就其来源于中国境内的所得缴纳企业所得税。"

上述示例中，如果中国公司承担了荷兰公司本应承担的税款，向荷兰公司支付了 1 亿元租金，则应先将 1 亿元的不含税销售额换算为含税销售额。假设含税销售额为 X，则：

X= 不含税销售额 + 增值税税额 + 企业所得税税额

$$= 100\,000\,000 + \left[\,X \div (1+13\%) \times 13\%\,\right] + \{\,X - \left[\,X \div (1+13\%) \times 13\%\,\right]\} \times 6\%$$

通过解方程，可以得出含税销售额 X 约为 1.2 亿元。

增值税税额 =1.2÷（1+13%）×13%=0.14（亿元）

企业所得税税额 =（1.2-0.14）×6%=0.06（亿元）

（二）海关税收规则的变化

进口环节的税款原本不计入完税价格，但"包税"条款的出现，则有可能使税款计入完税价格。

根据《关于修订飞机经营性租赁审定完税价格有关规定的公告》（海关总署公告 2016 年第 8 号）的规定，对于出租人为纳税义务人，而由承租人依照合同约定，在合同规定的租金之外另行为出租人承担的预提所得税、增值税，属于间接支付的租金，应计入完税价格。据此，海关在飞机经营性租赁中，将"包税"的税款计入完税价格，是有着明确的执法依据的。飞机经营性租赁之外的交易，海关可能参照适用。

上述示例中，因为关税与消费税税率为 0，中国公司应当向海关缴纳的关税和消费税仍然为 0，增值税税额 =1.2×13%=0.16（亿元）。

综上，"包税"条款所影响的，绝不仅仅是境外非居民企业与境内进口方之间的权利义务关系。海关与国内税务机关的一系列税收规则都会因为"包税"条款的引入而发生改变。企业尤其是关联企业，在制定转移定价策略时，一定要将这些税法规则做通盘考虑，而不能"任性"地仅仅将税款的承担视为企业内部成本的分配。

05

第五章

出口环节的税收征管

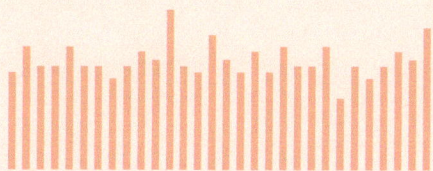

在出口环节，海关的税收职能减弱，监管职能更加凸显。与进口环节不同的是，海关不代征出口环节的增值税与消费税，也不决定增值税与消费税能否办理出口退税或者享受免税的待遇。出口环节的增值税与消费税，完全在税务机关的事权范围内，与海关没有直接的关系。同时，海关在出口环节原则上不征收出口关税，仅在列明的例外情形下征收。例如，根据《国务院关税税则委员会关于2023年关税调整方案的公告》（税委会公告2022年第11号），继续对铬铁等106项商品实施出口关税。对于铬铁等106项商品之外的其他商品，海关不征收出口关税。因此，本章主要讲述出口关税的计征方式与出口环节海关监管方面的内容。

一、出口关税的计征方式

从类别上说，出口关税计征需要考虑的因素与进口环节是相同的，主要包括完税价格、税率、汇率等。从实操的角度来讲，出口关税与进口关税的计核最大的差别为完税价格的认定。

《进出口关税条例》第二十六条规定："出口货物的完税价格由海关以该货物的成交价格以及该货物运至中华人民共和国境内输出地点装载前的运输及其相关费用、保险费为基础审查确定。出口货物的成交价格，是指该货物出口时卖方为出口该货物应当向买方直接收取和间接收取的价款总额。出口关税不计入完税价格。"

出口关税税额的具体计算公式为：

出口关税税额 =FOB÷（1+ 出口关税税率）× 出口关税税率

在出口关税的计核中，有两个非常值得关注的问题。

第一，计算过程使用的是 FOB，而不是到岸价格。在进口关税的计核中，完税价格采用到岸价格，也就是 CIF 价格，其中包含了国际运输中的运费和保险费；而在出口关税的计核中，则不包含货物离港后国际运输段的运费和保险费。

第二，出口关税的完税价格并不等同于 FOB。企业必须将 FOB 中所包含的出口关税扣除之后，才能得到出口关税的完税价格。

上述这两点在实际操作中非常重要。

【案例 5-1】在一起走私普通货物罪中，被告人李某一审被判了十一年有期徒刑，原因是出口走私废钢。一审宣判后，李某提出上诉，家属聘请了二审辩护律师。经过阅卷后，律师发现这个案子在关税税款的计核中存在以下问题。

（1）将李某与国外买家约定的运抵国外钢厂的价格作为完税价格。

（2）没有依照法律规定将出口关税扣除。废钢铁出口的关税税率为 40%，这样两个计算错误至少导致关税错误地多计核了一倍。

律师将发现的上述问题形成辩护意见提交给了主审法官，但最终，二审法院维持了一审判决。

实务中，企业一定要避免此类税款计核错误。

二、形式出口中免征关税的特殊规定

国家对于海关特殊监管区域有着特殊的扶持政策。法定征收出口关税的货物，如果并非直接出口到境外，而是出口到海关特殊监管区域（也被称为形式出口），则在符合条件的情况下，是不征收出口关税的。

根据《海关总署关于部分进入海关特殊监管区域的产品不征收出口关税的公告》（海关总署公告2008年第21号）的规定，对部分进入海关特殊监管区域的产品不征收出口关税。具体规定如下。

（1）对境内区外进入所有海关特殊监管区域用于建区和企业厂房基础建设的，属于取消出口退税或加征出口关税的基建物资（以下简称基建物资），入区时不予退税，海关办理登记手续，不征收出口关税。上述基建物资不得离境出口，如在区内未使用完毕，由海关监管退出区外。自境外进入区内的基建物资，如运往境内区外，应按海关对海关特殊监管区域管理的有关规定办理报关纳税手续。

（2）对具有保税加工功能的出口加工区、保税港区、综合保税区、珠澳跨境工业区（珠海园区）和中哈霍尔果斯国际边境合作中心（中方配套区域）的区内生产企业在国内（境内区外，下同）采购用于生产出口产品的原材料（原材料清单可查询海关总署公告 2008 年第 21 号附件），进区时不征收出口关税。上述原材料未经实质性加工的，不得转让或销售给区内非生产企业（如保税物流、仓储、贸易等企业，下同）、直接出境或以保税方式出区；如出区销往境内区外，一律照章征收进口关税和进口环节增值税。以上所称"实质性加工"的标准，按照《中华人民共和国海关关于执行〈非优惠原产地规则中实质性改变标准〉的规定》（海关总署令第 122 号）执行。区内非生产企业在境内区外采购进区的上述原材料，不适用上述税收政策。

三、特殊进出口方式中关税的计征

绝大多数的进出口活动都是单向的，或者是进口，或者是出口。但也有一些特殊的进出口活动，从海关监管的角度来看，需要同时兼顾货物的进口和出口，从而确定适用的征税规则。也就是说，在这些特殊的进出口活动中，如何征税，需要把进口与出口当作一个整体来对待，而不是隔离开来，分别确定进口与出口环节中的税收。具体来说，这些特殊的进出口活动主要包括如下情形。

（一）退运货物

退运是已经发生的贸易活动的延续。为了避免双重征税，符合条件的退运可以享受免税和退税的待遇。

1. 免税的规定

根据海关规定，因品质或者规格原因，出口货物自出口放行之日起1年内原状退货复运进境的，纳税义务人在办理进口申报手续时，应当按照规定提交有关单证和证明文件。经海关确认后，对复运进境的原出口货物不予征收进口关税和进口环节海关代征税。

因品质或者规格原因，进口货物自进口放行之日起1年内原状退货复运出境的，纳税义务人在办理出口申报手续时，应当按照规定提交有关单证和证明文件。经海关确认后，对复运出境的原进口货物不予征收出口关税。

2. 退税的规定

已缴纳税款的进口货物，因品质或者规格原因原状退货复运出境的，纳税义务人自缴纳税款之日起 1 年内，可以向海关申请退税。已缴纳出口关税的出口货物，因品质或者规格原因原状退货复运进境，并且已重新缴纳因出口而退还的国内环节有关税收的，纳税义务人自缴纳税款之日起 1 年内，可以向海关申请退税。

3. 退运的期限

退运是有期限限制的。纳税人选择退运这种贸易方式，必须在货物进出口放行之日起 1 年内，才能享受免税进口的待遇。

4. 因退运而申请退税或免税是否需要出具商检报告

对于因退运而申请退税或免税是否需要出具商检报告，海关具有自由裁量权。商检报告并不是必须提交的材料，但在海关认为必要时，有权要求企业提交，企业也有义务提交。同时，对于出具商检报告的商品检验机构是否具有资质，也由海关审查确定。

5. 因退运而申请退税是否必须提交税务机关的证明

仅出口货物在申请退运及退税时需要提交税务机关有关出口退税的证明，进口货物由于未享受过出口退税的待遇，因此在申请退运及退税时，企业不需要提交税务机关有关出口退税的证明。

6. 已进口货物退运的对象是否必须是原出口方

货物只要退运出境即可，并非一定要退运回原出口方。中国企业在享受退运待遇时，在退运对象的选择上拥有选择权。

【案例5-2】2020年9月16日，甲公司委托某报关报检公司向海关以退运货物方式申报进口货物一批，货物品名为发光二极管条形灯，申报总净重为2 508.58千克，货值39 828.97美元，申报包装类型为：纸质或纤维板制盒/箱。后经海关查验，该票货物各项商品的重量均与实际不符，实际总净重为1 596.76千克。该票货物的数重比与原出口报关单的数重比不符，不属于原状退运货物，应以一般贸易方式征税进口。甲公司进口货物贸易方式申报不实的行为影响了国家税款征收，漏缴应缴税款58 553.56元人民币。

另外，该票货物申报包装类型为纸质或纤维板制盒/箱，实际为有 IPPC 标志的天然木托，与申报不符。甲公司涉嫌未按照规定将天然木托包装向海关报检，违反了《中华人民共和国进出境动植物检疫法实施条例》的相关规定。

最终，海关依法对甲公司贸易方式申报不实的行为科处罚款人民币 46 000 元。

（二）无代价抵偿

《海关进出口货物征税管理办法》第二十七条规定："进口无代价抵偿货物，不征收进口关税和进口环节海关代征税；出口无代价抵偿货物，不征收出口关税。"其中，无代价抵偿货物是指进出口货物在海关放行后，因残损、短少、品质不良或者规格不符原因，由进出口货物的发货人、承运人或者保险公司免费补偿或者更换的与原货物相同或者与合同规定相符的货物。在实操当中，企业应当注意以下五个方面的问题。

1. 应当对货物是否复运进境或出境提前做出预判，以进行准确的申报

海关对于无代价抵偿货物的申报有着特定的要求。根据海关对无代价抵偿进出口货物的相关规定，企业可以在原合同规定的索赔期内，且不超过原货物进口之日起 3 年，持原进口报关单证，以"其他"（9900）贸易方式申报退运，以"无代价抵偿"（3100）贸易方式申报进口。

合规建议：企业在发生货物质量不符合要求的情况下，一定要明确除了货物退运，是否还有补发货物的商业安排。如果有，则在货物退运之前就应当按照无代价抵偿进行申报。如果是按照退运进行申报后，又提出无代价抵偿申请的，会因不符合申报要求而不被海关接受。

2. 对物流做好安排，尽可能降低企业的财务成本

无代价抵偿是要求原进口货物或出口货物先复运出境或者进境，然后替代货物再进口或者出口。从制度安排上来讲，实质上是要求一笔税款对应一票货物，防止出现只交了一笔税款，而实际却有两票货物进出口的情况。企业因为生产工艺的需要，如果一定要在原进口货物或出口货物尚未退运出境或者进境的情况下进口或者出口替代货物，

则应当办理缴纳保证金的手续，以确保国家税款安全。

合规建议： 在适用无代价抵偿贸易方式时，如果没有生产工艺或者供货档期方面的特别需求，建议企业先安排原进口或出口货物的退运出境或进境，再安排补发货物。这样操作，可以避免提供海关担保的财务压力。

3. 业务部门应该合理设定索赔期限

《海关进出口货物征税管理办法》第二十八条规定："纳税义务人应当在原进出口合同规定的索赔期内且不超过原货物进出口之日起 3 年，向海关申报办理无代价抵偿货物的进出口手续。"

从上述规定可以看出，无代价抵偿受到两个期限限制，一个是法定的，不超过原货物进出口之日起 3 年；另一个是约定的，原进出口合同规定的索赔期内。并且，两个期限应当同时满足，也就是这两个期限中以先到期的期限为准。

合规建议： 进出口企业在签订进出口合同时，应当注意以下两个问题。

第一，合同中所约定的索赔期一定要超过原货物进出口之日起 3 年，以做到有备无患。万一需要适用无代价抵偿时，不要因为约定的索赔期过短而无法适用。

第二，索赔期必须明确约定在进出口合同中，而不是出现在纠纷发生后为了解决退换货而签订的索赔协议中。

实务中，企业应该开展全员、全岗位的税务关务培训，帮助员工理解每一项看似不相关的操作指引的实际意义。

4. 无代价抵偿的替换货物有何限制

无代价抵偿货物并不需要与原进出口货物完全一致，只要商品编码不变，企业都可以适用这种贸易方式，只是在税款上存在多退少补的要求。

根据规定，纳税义务人申报进出口的无代价抵偿货物，与退运出境或者退运进境的原货物不完全相同或者与合同规定不完全相符的，应当向海关说明原因。

海关经审核认为理由正当，且其商品编码未发生改变的，应当按照审定进出口货物完税价格的有关规定和原进出口货物适用的计征汇率、税率，审核确定其完税价格、计算应征税款。应征税款高于原进出口货物已征税款的，应当补征税款的差额部分。应征税款低于原进出口货物已征税款，且原进出口货物的发货人、承运人或者保险公司同时补偿货款的，海关应当退还补偿货款部分的相应税款；未补偿货款的，税款的差额部分不予退还。

纳税义务人申报进出口的免费补偿或者更换的货物，其商品编码与原货物的商品编码不一致的，不适用无代价抵偿货物的有关规定，海关应当按照一般进出口货物的有关规定征收税款。

合规建议：企业在适用无代价抵偿时，应当在法律允许的范围内灵活掌握。例如，原进口的货物仅与 4G 相匹配，在我国已经发放 5G 牌照的情况下，完全可以考虑替换货物，升级为与 4G 和 5G 同时兼容的产品。因为产品的商品编码没有发生改变，企业仅需要就升级部分补缴税款即可。这样对企业来说也算是一件好事，企业在退换货物的同时做到了产品升级。

5. 原进出口的货物是否一定要退运

无代价抵偿的特别之处在于，这种贸易方式是一个"一进一出"的过程，海关实际要同时监管两个进出口行为：原进出口货物的退运与替换货物的进境或出境。替换货物要享受无代价抵偿的免税待遇，原进出口货物必须退运，否则海关将对原进出口货物重新征税，也就是针对原进出口货物征两次税。只是两次征税适用的税率、汇率不同，第一次征税依据原进出口货物报关单所载进出口日期确定税率、计征汇率，第二次征税依据海关接受无代价抵偿货物申报进出口之日适用的税率、计征汇率确定。

合规建议：企业一定要保留必要的证据，以证明原进出口货物已经退运。这一点对于报关单上列明的货物而言，通常证明起来并不困难，但对于整件货物上的部分零部件来说，要证明起来可能存在较大的难度，企业需要在零部件标识、台账以及报关单备注等方面做好记录与备案。

（三）修理物品

符合条件的进出境修理物品，货物本身不计入完税价格，不需要缴税，计入完税价格的仅仅是与修理相关的人工费及料件费。与一般贸易相比，进出境修理物品属于海关法中特殊的税收优惠政策。尽管《海关进出口货物征税管理办法》已经对进出境修理物品做出了较为详细的规定，但仍然不能直接解决企业实操当中碰到的所有问题。以下结合海关业务问答，分享一些修理物品相关问题的解决思路。

1. 进出境修理物品应当注意的期限问题

（1）已进口或者已出口的期限。例如，一台已经出口
10 年的机器设备，企业还能否申请进境修理呢？

解答：海关依据进出口交易双方的实际贸易合同对进
出口货物进行监管，如属于修理合同，已按照"修理物
品"的监管方式向海关申报的，对于修理物品的进境，没
有期限限制。

尽管法律没有明确规定，但实操当中，企业自身对合
同条款的安排以及机器设备的实际维修需求有可能影响这
一贸易方式的适用。

《海关进出口货物征税管理办法》规定，纳税义务人
在办理进境修理货物的进口申报手续时，应当向海关提交
该货物的维修合同（或者含有保修条款的原出口合同），
并且向海关提供进口税款担保或者由海关按照保税货物
实施管理。进境修理货物应当在海关规定的期限内复运
出境。

据此，货物进口或者出口多久会影响进出境修理物品
这一贸易方式的适用，应依据企业提交的维修合同或者含

有保修条款的原出口合同进行判断。具体来说，取决于两个因素：一是行业惯例，通常一台相同或者类似的机器保修期有多长；二是合同安排，在符合行业惯例的情况下，企业在交易时设定的保修或者维修义务有多长。不符合行业惯例的保修期限，或者虽然符合行业惯例，但超出约定维修期限的修理物品进出境，都可能引起海关对于合理性的质疑。

（2）复运进境或者出境的期限。例如，货物在进境或者出境修理后，应当在多长时间内完成修理并复运出境或者进境？

解答：对于这个问题，同样没有明确的规定，海关一般会根据货物的具体类型以及修理的内容审查确定，以海关审批的期限为准。通常为 6 个月，需要延期的应当在期满前获得海关的批准。

【案例 5-3】江苏 A 生物科技工程有限公司（以下简称 A 公司）委托上海某供应链管理有限公司，于 2023 年 1 月 3 日向海关申报从韩国进口修理物品：（1）一次性使用圈套器 3 754 台，申报价格 CIF33 786 美元；（2）一次性使用注射针 3 899 台，申报价格 CIF23 394 美元。

经查，上述货物未在海关规定期限前复运出境，货物价值人民币 459 665.66 元。

上述事实业已构成违反海关监管规定的行为。海关依法对 A 公司做出如下行政处罚：科处罚款人民币 41 000 元。

（3）加工贸易项下货物进出境修理的特殊期限要求。加工贸易项下已经出口的成品需要进境修理后复出的，不适用进出境修理物品的监管方式，而是适用成品退换的监管方式。成品退换中，一定要注意核销期限。如果是手册，一定要在手册核销之前完成退换；如果是电子账册，则一定要在核销周期内完成退换。以下是某海关的一则解答实录。

问："关于联网监管电子账册出口的成品，如已中期核销并出口日起超一年的成品，现需退回公司修理，修理后在海关规定的期限内复运出口交还客户，能不能用"进料成品退换"的方式办理有关报关手续？"

答："根据规定，对来、进料加工正在执行的手册或电子账册项下出口的成品，因品质、规格或其他原因退运进境，经加工、维修或更换同类商品复出口时，允许企业凭成品退换合同在同一手册或电子账册项下按'成品退换'方式进行管理。对已经核销的加工贸易手册（账册）项下的出口成品，退换时不得按照'成品退换'方式进行申报。如果你公司申请退回公司修理的成品对应的电子账册已经作了核销，即已经启用新的核销周期，则维修退换的产品不再纳入加工贸易合同管理，不可以按照'成品退换'方式进行申报，应按'修理物品'进行进出口管理。"

2. 是否需要第三方检测机构出具证明材料

例如，适用进出境修理物品这一贸易方式时，是否需要提交第三方检测机构的证明，以确认货物确实发生了损坏需要修理呢？

解答：《海关进出口货物征税管理办法》规定，"纳税义务人在办理出境修理货物的出口申报手续时，应当向海关提交该货物的维修合同（或者含有保修条款的原进口合同）。出境修理货物应当在海关规定的期限内复运进境。"其中，并未要求提供第三方检测机构证明。

因此，企业申报进出口修理物品时，不需要提交第三方检测机构证明。但事后需要受到监管，在修理完成复运进境或出境时须向海关提交维修发票、维修清单等材料。企业如果谎报贸易方式，就会导致国家税款遭受损失，从而触发走私风险。

3. 是否可以仅退回需要修理部分的货物

对于这个问题，我们先来看一下海关的解答实录。

问："我公司 3 月出口一批按摩器，客户使用时发现按摩器的腰带出现质量问题。按摩器由主机和腰带组成。请问，我公司可以不整机退回，只退回腰带进行维修吗？监管方式是否可以报：修理物品。"

答："一、监管方式'进出境修理物品'，简称'修理物品（监管方式代码 1300）'是指进境或出境维护修理的货物、物品。根据贵公司问题所述的情况，可以只退回'腰带'进行维修并使用监管方式'修理物品（监管方式代码 1300）'；二、以上答复仅供参考，具体请以现场执行为准。"

另外，国家对航材保修与航材交换的特殊规定也值得注意。《海关总署关于飞机航空器材包修税收征管有关问题的公告》（海关总署公告 2016 年第 6 号）明确规定，"航材包修"是指国内航空公司与境外包修服务供应商签订包修合同，由包修服务供应商在包修合同约定范围内，以修理航材或者交换航材的方式提供维修保障服务，国内航空公司按包修合同约定，分期向境外包修服务供应商支付"一揽子"包修费。修理航材方式，是指国内航空公司的航材损坏后，送包修服务供应商维修，维修后再退还国内航空公司，航材所有权不发生转移。交换航材方式，是指国内航空公司的航材损坏后，包修服务供应商向国内航空公司提供其他可用航材用以替换，可用航材和损坏航材的所有权发生互换。海关对包修合同项下支付的包修费征税，不对实际进出境航材征税。海关按"修理物品"方式对实际进出境航材进行监管，以各期实际进出境航材分摊的包修费为征税对象，征税周期为国内航空公司按照包修合同约定的分期支付包修费周期。

也就是说，根据海关总署的上述规定，在交换航材的修理方式中，允许国内航空公司将已损坏的航材出口，包修服务供应商向国内航空公司提供其他可用航材用以替换。在这种情况下，海关对进出境航材的同一性不再做要求。

（四）离岸转手贸易

有一类国际贸易，经常也会出现进口与出口的字眼，但实际上并不在中国海关的监管范围内，即离岸转手贸易。例如，中国公司从日本采购了挖掘机，然后指令日本公司直接将挖掘机发往坦桑尼亚的非洲买家。在这个过程中，所谓的进口和出口，仅仅停留在合同与资金层面，货物既不实际进入中国国境，也不实际离开中国国境，这种业务更多涉及外汇的安排，不涉及中国海关的征税和监管。

根据《经常项目外汇业务指引（2020年版）》的规定，企业办理离岸转手买卖外汇收支业务时，银行应按照展业原则和下列要求，审核相关交易单证。

1. 交易真实、合法

具有真实、合法的交易基础，不存在涉嫌构造或利用虚假离岸转手买卖进行投机套利或转移资金等异常交易情况。

2. 交易具有合理性、逻辑性

同一笔离岸转手买卖业务原则上应在同一家银行，采用同一币种（外币或人民币）办理收支结算。对无法按此规定办理的离岸转手买卖业务，银行须在确认其真实、合法后方可办理，并在涉外收支申报交易附言中注明"特殊离岸转手"，自业务办理之日起 5 个工作日内向所在地外汇局报告。

符合下列情况的业务，企业应在货物进出口或收付汇业务实际发生之日起 30 天内，通过货贸系统向所在地外汇局报送对应的预计收付汇或进出口日期等信息：同一笔离岸转手买卖收支日期间隔超过 90 天（不含）且先收后支项下收汇金额或先支后收项下付汇金额超过等值 50 万美元（不含）的业务。

仅 A 类企业可以从事离岸转手贸易外汇业务。

四、出口环节的海关监管

如前文所述，在出口环节，海关的工作重心是监管，而不是征税。这些监管规则虽然与税款的计算没有直接的关系，但却决定着商业活动合规与否。如果不符合海关的监管规定，企业的生意根本就做不了，连缴纳税款的机会都没有。因此，企业有必要了解出口环节海关的监管规则。

（一）出口商品的合规申报

出口环节，国内发货人需要依法填制出口报关单，就货物的信息向海关申报。如果企业申报错误，则需要承担相关法律责任。

实践当中，与税款相关的两个申报要素为商品编码与完税价格。一些企业会将不应当出口退税商品的商品编码错误地申报为应当出口退税商品的商品编码，或者将低出口退税率商品的商品编码申报为高出口退税率商品的商品编码。还有一些企业，会故意采取低值高报的方式拉高出口商品的完税价格，从而骗取出口退税款或地方政府的出口补贴。海关在出口监管中，一旦发现这些异常信息，会及时通报给税务机关，提醒税务机关在出口退税方面加强监管。

【案例5-4】2019年3月9日，辽宁省朝阳市A重工机械有限公司（以下简称 A 公司）委托 B 货运代理有限公司（以下简称 B 公司）以一般贸易方式向海关申报出口壳体 1 个、端盖 2 个，申报总价为 38 175 美元。该批出口货物币制申报错误，货物币制申报为美元，实际应为人民币，上述出口货物实际总价应为人民币 38 175 元。A 公司发现币制申报错误后，于 2020 年 3 月按照出口业务的真实数据出口货物总价 38 175 元人民币向当地税务机关申报办理出口退税。

2019 年 5 月 27 日，A 公司委托 B 公司以一般贸易方式向海关申报出口铲斗顶部 1 件、铲斗上部 2 件、铲头下部 2 件，半瓦 4 件，申报总价为 187 998 美元。该批出口货物币制申报错误，货物币制申报为美元，实际应为人民币，上述出口货物实际总价为人民币 187 998 元。2019 年 8 月，A 公司按照出口货物总价 187 998 美元申报退税，影响了国家出口退税管理，多退税款人民币 176 319 元。

经查，造成上述货物币制申报错误的原因系 A 公司员工工作疏忽，在将报关合同、发票等资料传送给 B 公司时，将本应为人民币的货物币制填成了美元。

上述事实有出口报关单及随附单证资料、查问笔录、企业情况说明、税务局情况说明、退税申报材料、营业执照及法定代表人身份证复印件等为证。

A公司出口壳体1个、端盖2个过程中未如实申报币制，已构成出口货物向海关申报不实的违反监管规定行为，影响了海关监管秩序，海关依法决定对当事人处以警告的行政处罚。

A公司出口铲斗顶部1件、铲斗上部2件、铲头下部2件，半瓦4件过程中未如实申报币制，已构成出口货物向海关申报不实的违反监管规定行为，影响了国家出口退税管理，海关依法决定对A公司处以罚款人民币8万元的行政处罚。

综上，海关依法决定对A公司做出如下行政处罚：予以警告并科处罚款人民币8万元整。

【案例5-5】宁波C光学股份有限公司（以下简称C公司）委托上海D报关有限公司于2022年5月1日向海关申报出口一般贸易项下货物一票，其中第6项申报为镜头9 600个，商品编号9002909090（对应的出口退税率为13%），总价FOB 16 224美元。经海关查验发现，实际出口货物中无此项货物，与申报不符。

上述事实业已构成违反海关监管规定的行为，海关依法对 C 公司做出如下行政处罚：科处罚款人民币 10 700 元。

【案例 5-6】上海 J 商贸有限公司（以下简称 J 公司）委托上海 K 国际货物运输代理有限公司，于 2021 年 9 月 7 日向海关申报出口一般贸易项下货物一票。其中，第 1 项申报为 ×× 唇膏 N1，第 2 项申报为 ×× 唇膏 N2，数量分别为 300 个、432 个，总价分别为人民币 15 514.74 元、22 630.64 元，商品编号均为 3304100091（对应的出口退税率为 13%）。后经海关查验发现并归类认定，上述出口货物含有野大豆籽提取物，商品编号应为 3304100011（对应的出口退税率为 0），与申报不符，出口应提交非《进出口野生动植物种商品目录》物种证明，而 J 公司未提交。

上述事实业已构成违反海关监管规定的行为，海关依法对当事人做出如下行政处罚：科处罚款人民币 3 900 元。

（二）许可证

进（出）口许可证是一个国家主管部门给进出口商签发的允许商品进出口的证书，是企业在国际贸易中必不可少的单证。企业必须持进（出）口许可证向海关进行申报，海关查验相符后才会予以放行。能否合规使用进（出）口许可证，直接影响涉证货物进出口活动的顺利开展，并涉及后续进（出）口关税和其他税收优惠的享受。实务中，有些企业在进（出）口许可证的使用上，会对相关政策规定把握不准，这需要引起重视。

根据《中华人民共和国海关进出口货物报关单填制规范》（以下简称《海关进出口货物报关单填制规范》），许可证分为两种填报方式。报关单"许可证号"一栏中，填报进（出）口许可证、两用物项和技术进（出）口许可证、两用物项和技术出口许可证（定向）、纺织品临时出口许可证、出口许可证（加工贸易）、出口许可证（边境小额贸易）的编号。免税品经营单位经营出口退税国产商品的，免予填报。一份报关单只允许填报一个许可证号。上述许可证件以外的其他进出口许可证件或监管证件、随附单据代码及编号，填报在"随附单证及编号"一栏。

【**案例 5-7**】杭州 E 进出口有限公司（以下简称 E 公司）委托上海 F 报关有限公司于 2022 年 1 月 25 日以一般贸易方式向海关申报出口一批货物，申报货物名称为木条，申报数量为 26 400 千克，申报价格为 FOB8 900 美元，申报商品编号为 4404100090。经海关查验，出口货物实际为杉木，应归入商品编号 4403269090，为禁止出口货物。

上述事实业已构成违反海关监管规定的行为，海关依法对 E 公司做出如下行政处罚：科处罚款人民币 28 000 元。

【**案例 5-8**】山东淄博 M 供应链管理服务有限公司（以下简称 M 公司）委托上海某报关公司于 2021 年 8 月 21 日向海关申报出口一般贸易项下高尔夫球车 45 辆，申报单价为 FOB4 444 美元，申报总价为 FOB 199 980 美元，申报商品编号为 8703101900。后经海关查验，出口货物实际为全地形车，实际单价为 FOB800 美元，实际总价为 FOB 36 000 美元，实际商品编号为 87031011，须提供出口许可证。经计核，货物价值为人民币 233 406 元。

上述事实业已构成违反海关监管规定的行为，海关依法对 M 公司做出如下行政处罚：科处罚款人民币 25 000 元。

【案例 5-9】重庆 W 有限公司（以下简称 W 公司）委托上海某报关公司于 2017 年 11 月 9 日以一般贸易方式向海关申报出口钛白粉 24 000 千克，申报价格为 FOB 50 760 美元，申报商品编号为 32061110，申报运抵国及出口许可证进口国为印度尼西亚。后经海关核查，实际运抵国为委内瑞拉，涉影响许可证管理。经核定，货物价值为人民币 334 970 元。

上述事实业已构成违反海关监管规定的行为，海关依法对 W 公司做出如下行政处罚：科处罚款人民币 24 000 元。

（三）检验检疫与海关税收

中国海关的四大职责为：监管、征税、统计、缉私。监管是海关的首要职责，企业必须先符合检验检疫的要求，才能获得缴纳税款的机会。如果货物不符合检验检疫的要求，企业即使愿意多交税，货物也无法进出口。可以说，检验检疫的合规是非常重要的，它决定了业务能否开展。

1. 检验检疫

为了维护中国制造的国际声誉，中国海关对出口商品施行严格的检验检疫监管。其中，法检类商品必须检验，非法检类商品则实施抽检。

【案例 5-10】上海 Q 物流有限公司（以下简称 Q 公司）作为申报单位，受浙江某进出口有限公司委托，于 2021 年 3 月 7 日向海关申报出口至伊朗一般贸易项下正丙胺 560 千克，申报价格为 C&F 人民币 53 928 元，申报商品编号为 2921199090。后经海关查验，Q 公司实际出口的货物被列入了危险化学品目录，出口须经过出口商品检验，而 Q 公司未向海关申报检验检疫电子底账数据号。

上述事实业已构成违反海关监管规定的行为，海关依法对 Q 公司做出如下行政处罚：科处罚款人民币 1 800 元。

【案例 5-11】深圳 Z 贸易有限公司（以下简称 Z 公司）委托上海某货运代理公司于 2020 年 5 月 20 日以一般贸易方式向海关申报出口货物一票，申报品名为数字式电子体温计，申报数量为 1 800 个，申报总价为 FOB50 400 美元，申报医疗器械注册证编号为"粤械注准20142070318"。后经海关查验，上述货物实际为非接触式红外测温仪，与申报不符，Z公司不能提供与实际货物相符的医疗器械注册证。

上述事实业已构成违反海关监管规定的行为，海关依法对Z公司做出如下行政处罚：科处罚款人民币18 000元。

2. 食品准入

对于食品、宠物食品等，我国有着严格的准入制度。只有达到准入标准的此类货物，才可以申报进口。基本的准入信息，可登录中华人民共和国海关总署官方网站查询《符合评估审查要求及有传统贸易的国家或地区输华食品目录》。

【案例5-12】2023年2月6日，天津海关查获一批违规进口的宠物食品，共计7 012袋。海关对申报为"猫砂"的一批进口货物进行查验时发现，装载货物的集装箱内除部分猫砂外，还有大量未申报的鼠粮、兔粮、狗粮等宠物食品。经海关查验清点，该批货物共计14 435袋，其中未如实申报的宠物食品达 7 012 袋。该批违规夹带入境的宠物食品被移交至后续处置。

3. 固体废物

进口货物对国内收货人来说，有些时候就像拆盲盒。例如，企业明明进口的是新设备，打开集装箱后却发现是旧设备，甚至集装箱内部杂乱无序，堆放着废旧轮胎或生活垃圾。面对这种情况，很多国内收货人会发蒙。集装箱是在海外装箱的，收货人并没有参与其中，如何知道发货人在"盲盒"中放了什么呢？面对进口固体废物的法律风险，主要有以下两种应对方式。

（1）主动预防——向海关申请在申报前查看货物或者提取货样

《海关法》第二十七条规定："进口货物的收货人经海关同意，可以在申报前查看货物或者提取货样。需要依法检疫的货物，应当在检疫合格后提取货样。"

从实操角度来讲，很少有企业逐票申请在申报前查看货物或者提取货样，但在一些特殊情形下，企业应当考虑行使此项权利。例如，申报前，境外发货人已经告知国内收货人，货物可能装错了；或者，承运人告知国内收货人，货物在运输途中发生燃烧、冒烟、碰撞等意外情形，可能存在货损。在这些情形下，集装箱中货物异常的概率比较大，国内收货人可以考虑向海关申请在申报前查验货物或者提取货样。如果查验后确属固体废物，则国内收货人的法律责任是安排固体废物的退运，海关不予行政处罚，收货人更不会涉及走私废物罪。

（2）被动应对——积极参与固体废物鉴别流程

绝大多数固体废物都是被查获的。也就是说，国内收货人未向海关申请在申报前查验货物或者提取货样，海关查验后确认属于固体废物。此时，处理起来就比较被动了。收货人可以考虑依照固体废物鉴别新规维护自身的合法权益。

《关于发布〈进口货物的固体废物属性鉴别程序〉的公告》（生态环境部 海关总署公告 2023 年第 2 号）于2023 年 1 月 13 日发布并实施。新规最大的特点就是体现了鼓励参与鉴别的原则，通过收货人充分参与鉴别过程，增强鉴别工作的透明度，减少或者避免后续的争议。

① 收货人享有当然的申请复检鉴别的权利。申请复检

鉴别的权利非常重要。对于固体废物的鉴别，只要收货人提出申请，海关就应当启动复检程序。对此，收货人要抓住这个查明事实的机会，如果等到案件进入行政处罚或者刑事诉讼阶段再提出复检申请，就会很被动。

② 积极参与鉴别过程，关注关键细节。固体废物鉴别包含了很多细节性的要求，收货人只有亲自或者委托代理人到场，才能了解当时的真实情况。例如，鉴别程序要求同一容器盛装的液态货物，分别从容器的上部和下部进行样品采集，然后混合成 1 份；现场鉴别掏箱查看数不少于该批待鉴别进口货物集装箱数量的 10%。如果收货人或者代理人接到海关通知后不到场，则根本无法还原采样当时的真实情况。如果后续再提出异议，就很难得到支持。

无论采取哪一种应对方式，都需要收货人积极配合海关开展工作，依法依规维护自身的合法权益。

（四）出口管制

《中华人民共和国出口管制法》（以下简称《出口管制法》）于 2020 年 12 月 1 日开始实施，国家对两用物项、军品、核以及其他与维护国家安全和利益、履行防扩散等国际义务相关的货物、技术、服务等物项实施出口管制。实操当中，这方面涉及的案例较多，如出口带有密码功能的自动化设备、石墨、可用于核目的的干锅以及挖泥船等。企业在出口业务中，应当具有出口管制的合规意识。

【案例5-13】A合金材料有限公司（以下简称A公司）委托上海某报关公司于2019年11月5日向海关申报出口至马来西亚一般贸易项下增碳剂36 000千克，申报价格为CIF 20 520美元，申报商品编号为3824993000。

后经海关查验，实际出口货物主要成分为人造石墨，应归入商品编号3801100090，出口需提供两用物项和技术出口许可证，货物价值人民币138 364.66元。

上述事实业已构成违反海关监管规定的行为，海关依法对当事人做出如下行政处罚：科处罚款人民币12 000元。

《出口管制法》实施之后，对出口管制违规行为的罚则更加严厉。相关条款如下：

"第三十三条 出口经营者未取得相关管制物项的出口经营资格从事有关管制物项出口的，给予警告，责令停止违法行为，没收违法所得，违法经营额五十万元以上的，并处违法经营额五倍以上十倍以下罚款；没有违法经营额或者违法经营额不足五十万元的，并处五十万元以上五百万元以下罚款。

第三十四条 出口经营者有下列行为之一的，责令停止违法行为，没收违法所得，违法经营额五十万元以上的，并处违法经营额五倍以上十倍以下罚款；没有违法经营额或者违法经营额不足五十万元的，并处五十万元以上五百万元以下罚款；情节严重的，责令停业整顿，直至吊销相关管制物项出口经营资格：

（一）未经许可擅自出口管制物项；

（二）超出出口许可证件规定的许可范围出口管制物项；

（三）出口禁止出口的管制物项。"

案例 5-13 中的违法行为，如果发生在 2020 年 12 月 1 日《出口管制法》施行之后，在没有减轻处罚的特殊情节下，相关企业至少会被罚款五十万元。

【案例 5-14】2023 年 2 月 13 日，某公司以一般贸易方式向天津海关申报出口煅烧石油焦 108 吨，FOB 总价为 102 600 美元，商品编号为 2713121000（无出口退税，无监管条件）。后经海关核查，实际出口货物应归入商品编号 38011000 项下（无出口退税，须提供两用物项和技术出口许可证）。该公司未经许可擅自出口管制物项，违反了海关监管规定，海关依法对该公司罚款 17.3 万元。

（五）货源地

海关对货源地的申报有着明确的规定，境内货源地应填报出口货物在国内的产地或原始发货地。出口货物产地难以确定的，填报最早发运该出口货物的单位所在地。海关特殊监管区域、保税物流中心（B 型）与境外之间的进出境货物，境内目的地／境内货源地填报本海关特殊监管区域、保税物流中心（B 型）所对应的国内地区。

退税企业应当依照上述规定，准确填写货源地，否则在出口退税中可能会出现问题。例如，某出口企业与长沙的生产企业签订了买卖合同，长沙的生产企业指示出口企业直接提取仓储于深圳的货物。此时，出口报关单上的货源地应当申报为长沙，但出口企业却填报为深圳。报关单的错误填制，就可能导致出口企业无法办理出口退税。有些出口企业会试着向海关申请修改报关单，但难以获得海关的许可，因为报关单的修改是有法定条件的，并不是企业提出申请就可以修改。

【案例5-15】2021年6月26日，上海C机电设备有限公司（以下简称C公司）委托上海某报关公司向海关申报出口一般贸易项下共3项货物，其中一项货物为汽轮机零件：径向轴承瓦块24千克，申报总价为CIF86 694.20美元，商品编号为8406900000，出口退税率为13%，申报境内货源地为杭州其他。后经海关核查，上述货物实际总价为8 669.42美元，实际境内货源地为上海浦东新区。同时，C公司将境内发货人和生产销售单位申报错误，均申报为杭州某机电股份有限公司。

上述事实业已构成违反海关监管规定的行为，海关依法对C公司做出如下行政处罚：科处罚款人民币6 500元。

（六）运抵国

运抵国不同，海关的监管条件可能是不同的。例如，针对出口到一些国家的特定货物，根据政府协议海关必须实施装运前检验。而一些企业在出口时，为了规避检验要求，会采取伪报运抵国的做法，将真实的运抵国伪报为其他国家。这样做，不仅会受到海关的行政处罚，也会影响出口退税和免税待遇。

《财政部 国家税务总局关于防范税收风险若干增值税政策的通知》（财税〔2013〕112 号）明确规定，出口企业按规定向国家商检、海关、外汇管理等对出口货物相关事项实施监管核查部门报送的资料中，属于申报出口退（免）税规定的凭证资料及备案单证的，如果上述部门或主管税务机关发现为虚假或其内容不实的，其对应的出口货物不适用增值税退（免）税和免税政策，适用增值税征税政策。查实属于偷骗税的，按照相应的规定处理。

【案例 5-16】2021 年 6 月 21 日，广州 F 报关有限公司（以下简称 F 公司）受济南某公司委托，以一般贸易方式向海关申报出口 11 票货物，申报货物为女士上衣等，申报运抵国均为沙特阿拉伯，总货值约为人民币 1 015 万元。后经海关核查，货物运抵国与申报不符，实际分别为尼日利亚和埃塞俄比亚。

海关认为 F 公司的上述行为造成了《中华人民共和国海关行政处罚实施条例》第十五条（一）项规定的影响海关统计准确性的情形，决定依法对该公司科处罚款人民币 1 000 元。

（七）禁止出口的货物

很多货物是绝对禁止出口的。国家对此类货物通过不定期发布公告的方式明确具体的货物种类。这种动态的管理模式尤其应当引起企业的注意，很可能上次还能顺利出口的货物这次就变成了禁止出口的货物。企业出口禁止出口的货物，轻则会受到行政处罚，重则会被追究刑事责任。

【案例 5-17】湖南 S 进出口贸易有限公司（以下简称 S 公司）委托上海某货运公司于 2021 年 5 月 11 日向海关申报出口一般贸易项下货物一票，共 7 项，其中第

4 项申报为"温度计（水银）含汞 92 毫克"，商品编号为 9025191090，总价共计人民币 720 元。经海关查验并归类认定，上述货物为含汞非电子温度计，商品编号应为 9025110010，属国家禁止出口货物。

上述事实业已构成违反海关监管规定的行为，海关依法对 S 公司做出如下行政处罚：科处罚款人民币 1 000 元。

06

第六章
出口环节的税收优惠措施

出口货物的税收优惠措施主要有出口退（免）税和出口免税。出口退（免）税具有政策引导的作用，国家鼓励出口的货物会给予退税；对不具有鼓励意图的，则给予免税的待遇。享受何种政策，也与出口企业的合规情况紧密相关，相同的货物，符合退税合规要求的，可以办理出口退（免）税；不符合退税合规要求的，则可能转变为免税甚至征税。

一、出口退（免）税

（一）出口退（免）税方式

适用增值税退（免）税政策的出口货物劳务，按照下列规定实行增值税免抵退税或免退税办法。需要特别注意的是，退（免）税政策包括免抵退税或免退税，而免抵退税或免退税是出口退税的两种具体方式，原则上分别适用于生产企业与外贸企业。

1. 免抵退税

生产企业出口自产货物和视同自产货物及对外提供加工修理修配劳务，以及列名生产企业出口非自产货物的，免征增值税，相应的进项税额抵减应纳增值税额，未抵减完的部分予以退还。

（1）生产企业出口货物劳务增值税免抵退税的计算

① 当期应纳税额的计算

当期应纳税额＝当期销项税额－（当期进项税额－当期不得免征和抵扣税额）

当期不得免征和抵扣税额＝当期出口货物离岸价 × 外汇人民币折合率 ×（出口货物适用税率－出口货物退税率）－当期不得免征和抵扣税额抵减额

当期不得免征和抵扣税额抵减额＝当期免税购进原材料价格 ×（出口货物适用税率－出口货物退税率）

② 当期免抵退税额的计算

当期免抵退税额＝当期出口货物离岸价 × 外汇人民币折合率 × 出口货物退税率－当期免抵退税额抵减额

当期免抵退税额抵减额＝当期免税购进原材料价格 × 出口货物退税率

③ 当期应退税额和免抵税额的计算

* 当期期末留抵税额≤当期免抵退税额，则：

当期应退税额 = 当期期末留抵税额

当期免抵税额 = 当期免抵退税额 - 当期应退税额

* 当期期末留抵税额＞当期免抵退税额，则：

当期应退税额 = 当期免抵退税额

当期免抵税额 =0

当期期末留抵税额为当期增值税纳税申报表中"期末留抵税额"。

（2）组成计税价格的计算

当期免税购进原材料价格包括当期国内购进的无进项税额且不计提进项税额的免税原材料的价格和当期进料加工保税进口料件的价格，其中当期进料加工保税进口料件的价格为组成计税价格。

当期进料加工保税进口料件的组成计税价格 = 当期进口料件到岸价格 + 海关实征关税 + 海关实征消费税

① 采用"实耗法"的，当期进料加工保税进口料件的组成计税价格为当期进料加工出口货物耗用的进口料件组成计税价格。其计算公式为：

当期进料加工保税进口料件的组成计税价格＝当期进料加工出口货物离岸价 × 外汇人民币折合率 × 计划分配率

计划分配率＝计划进口总值 ÷ 计划出口总值 ×100%

实行纸质手册和电子化手册的生产企业，应根据海关签发的加工贸易手册或加工贸易电子化纸质单证所列的计划进出口总值计算计划分配率。

实行电子账册的生产企业，计划分配率按前一期已核销的实际分配率确定；新启用电子账册的，计划分配率按前一期已核销的纸质手册或电子化手册的实际分配率确定。

② 采用"购进法"的，当期进料加工保税进口料件的组成计税价格为当期实际购进的进料加工进口料件的组成计税价格。

若当期实际不得免征和抵扣税额抵减额大于当期出口货物离岸价 × 外汇人民币折合率 ×（出口货物适用税率－出口货物退税率）的，则：

当期不得免征和抵扣税额抵减额＝当期出口货物离岸价 × 外汇人民币折合率 ×（出口货物适用税率－出口货

物退税率）

（3）不参与出口项目免抵退税的情形

出口企业既有适用增值税免抵退项目，也有适用增值税即征即退、先征后退项目的，增值税即征即退、先征后退项目不参与出口项目免抵退税计算。出口企业应分别核算增值税免抵退项目和增值税即征即退、先征后退项目，并分别申请享受增值税即征即退、先征后退和免抵退税政策。

用于增值税即征即退或者先征后退项目的进项税额无法划分的，应按照下列公式计算：

无法划分的用于增值税即征即退或者先征后退项目的进项税额＝当月无法划分的全部进项税额×当月增值税即征即退或者先征后退项目销售额÷当月全部销售额、营业额合计

（4）违规风险

生产企业应当注意城市维护建设税和教育费附加的税务违规风险。根据规定，经国家税务机关正式审核批准的当期免抵的增值税税额应纳入城市维护建设税和教育费附加的计征范围，分别按规定的税（费）率征收城市维护建

设税和教育费附加。

2. 免退税

不具有生产能力的出口企业（以下称外贸企业）或其他单位出口货物劳务，免征增值税，相应的进项税额予以退还。

（1）应退税额的计算

外贸企业出口货物劳务增值税免退税，应退税额的计算公式如下。

①外贸企业出口委托加工修理修配货物以外的货物：

增值税应退税额＝增值税退（免）税计税依据 × 出口货物退税率

②外贸企业出口委托加工修理修配货物：

出口委托加工修理修配货物的增值税应退税额＝委托加工修理修配的增值税退（免）税计税依据 × 出口货物退税率

（2）退税率低于适用税率的处理

退税率低于适用税率的，相应计算出的差额部分的税款计入出口货物劳务成本。

（二）出口退（免）税备案

根据国家规定，纳税人在办理出口退（免）税之前，需要事先办理出口退（免）税备案。出口企业或其他单位应于首次申报出口退（免）税时，向主管税务机关提供以下资料，办理出口退（免）税备案手续，申报退（免）税。

（1）内容填写真实、完整的《出口退（免）税备案表》，其中"退税开户银行账号"须从税务登记的银行账号中选择一个填报。

（2）主管税务机关要求提供的其他资料。

对出口企业或其他单位提供的出口退（免）税备案资料齐全，《出口退（免）税备案表》填写内容符合要求，签字、印章完整的，主管税务机关应当场予以备案。对不符合上述要求的，主管税务机关应一次性告知出口企业或其他单位，待其补正后备案。

出口企业或其他单位办理出口退（免）税备案手续时，应按规定向主管税务机关填报修改后的《出口退（免）税备案表》。

此外，国家税务总局针对特定的应税行为有专门的备案规定。例如，对于适用船舶退税政策的运输企业，在首次申报船舶退税时，要凭专门的资料及电子数据向主管税务机关办理船舶退税备案。

《国家税务总局关于优化整合出口退税信息系统 更好服务纳税人有关事项的公告》（国家税务总局公告 2021 年第 15 号）明确规定，纳税人办理出口退（免）税备案时，停止报送《对外贸易经营者备案登记表》《中华人民共和国外商投资企业批准证书》《中华人民共和国海关报关单位注册登记证书》。

（三）出口退（免）税的货物、服务范围

1. 外贸企业购进的货物、视同自产的服务

境内的单位和个人提供适用增值税零税率的服务或者无形资产，如果属于适用简易计税方法的，实行免征增值税办法。如果属于适用增值税一般计税方法的，生产企业实行免抵退税办法，外贸企业外购服务或者无形资产出口实行免退税办法，外贸企业直接将服务或自行研发的无形资产出口，视同生产企业连同其出口货物统一实行免抵退

税办法。

也就是说，只有采用增值税一般计税方法的外贸企业才可以申请出口退税，采用增值税简易计税方法的外贸企业不得申请出口退税，只能享受出口免税的待遇。

这里需要留意增值税零税率与出口退税率为零之间的差异。增值税零税率，是指可以享受出口退（免）税政策，而出口退税率为零则具有两种不同的含义。出口企业对国家税务总局每年发布的出口退税率文库中显示退税率为零的货物，可以通过查询文库中的特殊商品标识，或特殊商品类型名称栏目，采用以下方法进行征免税判断：查询结果如果显示是"1"或"禁止出口或出口不退税"的，除另有规定外，适用征税政策，须按规定纳税。查询结果如果显示是"2"或"免税"的，除另有规定外，适用免税政策，可以按规定申报免税。

2. 生产企业自产的货物、视同自产的货物

对于生产企业来说，也并非所有的货物都可以申请出口退税，除列名生产企业外，只有自产货物和视同自产的货物，才可以申请出口退税。

现有税收法规并未对何为自产货物做出规定。通常来

说，自产货物就是企业自行生产的货物。但在实务当中，确实也会引发一些争议。企业购进的原材料，究竟需要加工到何种程度、经历哪些加工工序才属于生产活动，货物才属于自产货物呢。例如，企业购进的带鱼进行了冷冻、切段、去内脏、包装，那么这些带鱼属于企业自产货物吗？对于这类特殊情形，目前没有统一的答案，企业需要与税务机关磋商后确定。

对于何为视同自产货物，现行税收文件是有明确规定的。《财政部 国家税务总局关于出口货物劳务增值税和消费税政策的通知》（财税〔2012〕39 号，以下简称 39 号通知）附件 4 规定，视同自产货物应当符合下列条件。

（1）持续经营以来从未发生骗取出口退税、虚开增值税专用发票或农产品收购发票、接受虚开增值税专用发票（善意取得虚开增值税专用发票除外）行为且同时符合下列条件的生产企业出口的外购货物，可视同自产货物适用增值税退（免）税政策：

①已取得增值税一般纳税人资格；

②已持续经营 2 年及 2 年以上；

③纳税信用等级 A 级；

④ 上一年度销售额 5 亿元以上；

⑤ 外购出口的货物与本企业自产货物同类型或具有相关性。

（2）持续经营以来从未发生骗取出口退税、虚开增值税专用发票或农产品收购发票、接受虚开增值税专用发票（善意取得虚开增值税专用发票除外）行为，但不能同时符合附件 4 第一条规定的条件的生产企业，出口的外购货物符合下列条件之一的，可视同自产货物申报适用增值税退（免）税政策。

① 同时符合下列条件的外购货物：

- 与本企业生产的货物名称、性能相同；
- 使用本企业注册商标或境外单位或个人提供给本企业使用的商标；
- 出口给进口本企业自产货物的境外单位或个人。

② 与本企业所生产的货物属于配套出口，且出口给进口本企业自产货物的境外单位或个人的外购货物，符合下列条件之一的：

- 用于维修本企业出口的自产货物的工具、零部件、配件；

- 不经过本企业加工或组装，出口后能直接与本企业自产货物组合成成套设备的货物。

③ 经集团公司总部所在地的地级以上国家税务部门认定的集团公司，其控股（按照《中华人民共和国公司法》第二百一十七条规定的口径执行）的生产企业之间收购的自产货物以及集团公司与其控股的生产企业之间收购的自产货物。

④ 同时符合下列条件的委托加工货物：

- 与本企业生产的货物名称、性能相同，或者是用本企业生产的货物再委托深加工的货物；
- 出口给进口本企业自产货物的境外单位或个人；
- 委托方与受托方必须签订委托加工协议，且主要原材料必须由委托方提供，受托方不垫付资金，只收取加工费，开具加工费（含代垫的辅助材料）的增值税专用发票。

⑤ 用于本企业中标项目下的机电产品。

⑥ 用于对外承包工程项目下的货物。

⑦ 用于境外投资的货物。

⑧ 用于对外援助的货物。

⑨ 生产自产货物的外购设备和原材料（农产品除外）。

3. 列名生产企业

列名生产企业出口非自产货物，免征增值税，相应的进项税额抵减应纳增值税额（不包括适用增值税即征即退、先征后退政策的应纳增值税额），未抵减完的部分予以退还。列名生产企业的具体范围可参见39号通知附件5。

4. 列名原材料

出口企业向海关报关进入特殊区域销售给特殊区域内生产企业生产耗用的列名原材料，其退税率为适用税率。如果国家调整列名原材料的退税率，列名原材料应当自调整之日起按调整后的退税率执行。列名原材料的具体范围可参见39号通知附件6。

《财政部 海关总署 国家税务总局关于国内采购材料进入出口加工区等海关特殊监管区域适用退税政策的通知》（财税〔2008〕10号，以下简称10号通知）与《财政部 海关总署 国家税务总局关于国内采购材料进入海关特殊监管区域适用退税政策的通知》（财税〔2009〕107号）明确

规定，对区内生产企业在国内采购用于生产出口产品的并
已经取消出口退税的成品革、钢材、铝材和有色金属材料
（不含钢坯、钢锭、电解铝、电解铜等金属初级加工产品）
等原材料，进区时按增值税法定征税率予以退税。区内生
产企业在国内采购规定的原材料未经实质性加工，不得转
售区内非生产企业（如仓储物流、贸易等企业）、直接出
境和以保税方式出区。违反此规定，按骗税和偷逃税款的
相关规定处理。

上述享受退税的原材料未经实质性加工出区销往国内
的，照章征收各项进口环节税。实质性加工标准按《进出
口货物原产地条例》实质性改变标准执行。10 号通知附件
"海关特殊监管区内生产企业国内采购入区退税原材料清
单"中的列名产品，如因海关商品编码发生变更，而产品
特性描述按海关规定仍在列名产品范围内的，按原规定的
适用退税率执行。

5. 服务出口

财政部、国家税务总局对服务出口退税的条件做出了
明确规定，中华人民共和国境内（以下称境内）的单位和
个人销售的下列服务和无形资产，适用增值税零税率。

（1）国际运输服务。国际运输服务是指在境内载运旅客或者货物出境、在境外载运旅客或者货物入境、在境外载运旅客或者货物。

（2）航天运输服务。

（3）向境外单位提供的完全在境外消费的下列服务：研发服务，合同能源管理服务，设计服务，广播影视节目（作品）的制作和发行服务，软件服务，电路设计及测试服务，信息系统服务，业务流程管理服务，离岸服务外包业务，转让技术。

其中，完全在境外消费，是指服务的实际接受方在境外，且与境内的货物和不动产无关；无形资产完全在境外使用，且与境内的货物和不动产无关；财政部和国家税务总局规定的其他情形。

离岸服务外包业务包括信息技术外包服务（ITO）、技术性业务流程外包服务（BPO）、技术性知识流程外包服务（KPO），其所涉及的具体业务活动，按照《销售服务、无形资产、不动产注释》相对应的业务活动执行。

（4）财政部和国家税务总局规定的其他服务。

6. 劳务出口

出口企业对外提供加工修理修配劳务，适用增值税退（免）税政策的出口货物劳务规定，对外提供加工修理修配劳务，是指对进境复出口货物或从事国际运输的运输工具进行的加工修理修配。

申报修理修配船舶退（免）税的，应提供在修理修配业务中使用零部件、原材料的贸易方式为"一般贸易"的出口货物报关单。出口货物报关单中"标记唛码及备注"栏注明修理船舶或被修理船舶名称的，以被修理船舶作为出口货物。

为境外（地区）企业的飞机（船舶）提供航线维护（航次维修）的货物劳务，出口企业（维修企业）申报退（免）税时应将境外（地区）企业名称、航班号（船名）填写在《生产企业出口货物免、抵、退税申报明细表》的第22栏"备注"中，并提供以下资料：

（1）与被维修的境外（地区）企业签订的维修合同；

（2）出口发票；

（3）境外（地区）企业的航班机长或外轮船长签字确认的维修单据［须注明境外（地区）企业名称和航班号

（船名）]。

7. 融资租赁货物的退税

（1）退税政策及适用范围

① 对融资租赁出口货物试行退税政策。对融资租赁企业、金融租赁公司及其设立的项目子公司（以下统称融资租赁出租方），以融资租赁方式租赁给境外承租人且租赁期限在5年（含）以上，并向海关报关后实际离境的货物，试行增值税、消费税出口退税政策。

融资租赁出口货物的范围包括飞机、飞机发动机、铁道机车、铁道客车车厢、船舶及其他货物，具体应符合《中华人民共和国增值税暂行条例实施细则》（以下简称《增值税暂行条例实施细则》）第二十一条"固定资产"的相关规定。

根据《增值税暂行条例实施细则》第二十一条："前款所称固定资产，是指使用期限超过12个月的机器、机械、运输工具以及其他与生产经营有关的设备、工具、器具等。"

② 对融资租赁海洋工程结构物试行退税政策。对融资租赁出租方购买的，并以融资租赁方式租赁给境内列名海

上石油天然气开采企业且租赁期限在 5 年（含）以上的国内生产企业生产的海洋工程结构物，视同出口，试行增值税、消费税出口退税政策。

海洋工程结构物范围、退税率以及海上石油天然气开采企业的具体范围按照 39 号通知的有关规定执行。

③ 上述融资租赁出口货物和融资租赁海洋工程结构物不包括在海关监管年限内的进口减免税货物。

（2）退税的计算和办理

融资租赁出租方将融资租赁出口货物租赁给境外承租方、将融资租赁海洋工程结构物租赁给海上石油天然气开采企业，向融资租赁出租方退还其购进租赁货物所含增值税。融资租赁出口货物、融资租赁海洋工程结构物（以下统称融资租赁货物）属于消费税应税消费品的，向融资租赁出租方退还前一环节已征的消费税。计算公式为：

增值税应退税额＝购进融资租赁货物的增值税专用发票注明的金额或海关（进口增值税）专用缴款书注明的完税价格 × 融资租赁货物适用的增值税退税率

融资租赁出口货物适用的增值税退税率，按照统一的出口货物适用退税率执行。从增值税一般纳税人处购进的按简易办法征税的融资租赁货物和从小规模纳税人处购进的融资租赁货物，其适用的增值税退税率，按照购进货物适用的征收率和退税率孰低的原则确定。

消费税应退税额＝购进融资租赁货物税收（出口货物专用）缴款书上或海关进口消费税专用缴款书上注明的消费税税额

对承租期未满而发生退租的融资租赁货物，融资租赁出租方应及时主动向税务机关报告，并按照规定补缴已退税款，对融资租赁出口货物，再复进口时融资租赁出租方应按照规定向海关办理复运进境手续并提供主管税务机关出具的货物已补税或未退税证明，海关不征收进口关税和进口环节税。

《财政部 海关总署 国家税务总局关于融资租赁货物出口退税政策有关问题的通知》（财税〔2016〕87号），对融资租赁货物出口退税政策做出了细化的补充规定：

"一、《财政部 海关总署 国家税务总局关于在全国开展融资租赁货物出口退税政策试点的通知》（财税〔2014〕62号）第一条第一项中的'融资租赁企业、金融租赁公司及其设立的项目子公司'，包括融资租赁企业、金融租赁公司，以及上述企业、公司设立的项目子公司。

二、融资租赁企业，是指经商务部批准设立的外商投资融资租赁公司、经商务部和国家税务总局共同批准开展融资业务试点的内资融资租赁企业、经商务部授权的省级商务主管部门和国家经济技术开发区批准的融资租赁公司。

金融租赁公司，是指中国银行业监督管理委员会批准设立的金融租赁公司。"

8. 国际船舶加注燃油退税

《财政部 税务总局 海关总署关于对国际航行船舶加注燃料油实行出口退税政策的公告》（财政部 税务总局 海关总署公告 2020 年第 4 号）对国际船舶加注燃油退税做出了明确的规定：

"一、对国际航行船舶在我国沿海港口加注的燃料油，实行出口退（免）税政策，增值税出口退税率为 13%。

本公告所述燃料油，是指产品编码为'27101922'的产品。

二、海关对进入出口监管仓为国际航行船舶加注的燃料油出具出口货物报关单，纳税人凭此出口货物报关单等相关材料向税务部门申报出口退（免）税。

三、本公告自 2020 年 2 月 1 日起施行。本公告所述燃料油适用的退税率，以出口货物报关单上注明的出口日期界定。"

9. 跨境电商出口退（免）税

《财政部 国家税务总局关于跨境电子商务零售出口税收政策的通知》（财税〔2013〕96 号）规定了符合条件的电子商务出口企业出口货物适用增值税、消费税退（免）税政策，但由于在以往的零售出口中企业往往很难获得增值税专用发票，因此只有少数企业能够实质性享受到出口退税政策。

2020 年 7 月 1 日，《关于开展跨境电子商务企业对企业出口监管试点的公告》（海关总署公告 2020 年第 75 号）生效，增列了"9710"（跨境电子商务企业对企业直接出口）和"9810"（跨境电子商务出口海外仓）两种跨境电子商务出口新模式。在"9710"模式下，企业"整进整出"的出口可能会成为常态，跨境电子商务企业在增值税专用发票的获取上有望更加便利，从而切实地享受到出口退（免）税政策，获得出口退税款。

（四）增值税退（免）税的计税依据

出口货物劳务的增值税退（免）税的计税依据，按出口货物劳务的出口发票（外销发票）、其他普通发票或购进出口货物劳务的增值税专用发票、海关进口增值税专用缴款书确定。

（1）生产企业出口货物劳务（进料加工复出口货物除外）增值税退（免）税的计税依据，为出口货物劳务的实际离岸价。实际离岸价应以出口发票上的离岸价为准，但如果出口发票不能反映实际离岸价，主管税务机关有权予以核定。

（2）生产企业进料加工复出口货物增值税退（免）税的计税依据，按出口货物的离岸价扣除出口货物所含的海关保税进口料件的金额后确定。

其中，海关保税进口料件是指海关以进料加工贸易方式监管的出口企业从境外和特殊区域等进口的料件，包括出口企业从境外单位或个人处购买并从海关保税仓库提取且办理海关进料加工手续的料件，以及保税区外的出口企业从保税区内的企业购进并办理海关进料加工手续的进口料件。

（3）生产企业国内购进无进项税额且不计提进项税额的免税原材料加工后出口的货物的计税依据，按出口货物的离岸价扣除出口货物所含的国内购进免税原材料的金额后确定。

（4）外贸企业出口货物（委托加工修理修配货物除外）增值税退（免）税的计税依据，为购进出口货物的增值税专用发票注明的金额或海关进口增值税专用缴款书注明的完税价格。

（5）外贸企业出口委托加工修理修配货物增值税退（免）税的计税依据，为加工修理修配费用增值税专用发票注明的金额。外贸企业应将加工修理修配使用的原材料（进料加工海关保税进口料件除外）作价销售给受托加工修理修配的生产企业，受托加工修理修配的生产企业应将原材料成本并入加工修理修配费用开具发票。

（6）出口进项税额未计算抵扣的已使用过的设备增值税退（免）税的计税依据，按下列公式确定：

退（免）税计税依据＝增值税专用发票上的金额或海关进口增值税专用缴款书注明的完税价格 × 已使用过的设备固定资产净值 ÷ 已使用过的设备原值

已使用过的设备固定资产净值＝已使用过的设备原值－已使用过的设备已提累计折旧

其中，已使用过的设备是指出口企业根据财务会计制度已经计提折旧的固定资产。

（7）免税品经营企业销售的货物增值税退（免）税的计税依据，为购进货物的增值税专用发票注明的金额或海关进口增值税专用缴款书注明的完税价格。

（8）中标机电产品增值税退（免）税的计税依据，生产企业为销售机电产品的普通发票注明的金额，外贸企业为购进货物的增值税专用发票注明的金额或海关进口增值税专用缴款书注明的完税价格。

（9）生产企业向海上石油天然气开采企业销售的自产的海洋工程结构物增值税退（免）税的计税依据，为销售海洋工程结构物的普通发票注明的金额。

（10）输入特殊区域的水电气增值税退（免）税的计税依据，为作为购买方的特殊区域内生产企业购进水（包括蒸汽）、电力、燃气的增值税专用发票注明的金额。

应当注意的是，输入特殊区域的水电气的出口退（免）税问题，有一个特殊的规定。当作为购买方的特殊区域内生产企业参加了一般纳税人试点后，输入特殊区域的水电气不再享受出口退（免）税的待遇，而是需要缴纳增值税。

根据《国家税务总局 财政部 海关总署关于在综合保税区推广增值税一般纳税人资格试点的公告》（国家税务总局公告 2019 年第 29 号）的规定，区外销售给试点企业的加工贸易货物，继续按现行税收政策执行；销售给试点企业的其他货物（包括水、蒸汽、电力、燃气）不再适用出口退（免）税政策，按照规定缴纳增值税、消费税。

此外，区内企业购入的水、蒸汽、电力、燃气必须用于生产活动。如果区内生产企业将厂房转让或者出租，则不得享受出口退（免）税待遇。《国家税务总局关于〈出口货物劳务增值税和消费税管理办法〉有关问题的公告》（国家税务总局公告 2013 年第 12 号）规定，输入特殊区域的水电气，区内生产企业用于出租、出让厂房的，不得申报退税，进项税额须转入成本。

（五）出口退税率

1. 现行规定

除财政部和国家税务总局根据国务院决定而明确的增

值税出口退税率（以下称退税率）外，出口货物的退税率为其适用税率。国家税务总局根据上述规定将退税率通过出口货物劳务退税率文库予以发布，供征纳双方执行。退税率有调整的，除另有规定外，其执行时间以出口货物（包括被加工修理修配的货物）报关单（出口退税专用）上注明的出口日期为准。

外贸企业购进按简易办法征税的出口货物、从小规模纳税人处购进的出口货物，其退税率分别为简易办法实际执行的征收率、小规模纳税人征收率。上述出口货物取得增值税专用发票的，退税率按照增值税专用发票上的税率和出口货物退税率孰低的原则确定。

出口企业委托加工修理修配货物，其加工修理修配费用的退税率，为出口货物的退税率。

中标机电产品、出口企业向海关报关进入特殊区域销售给特殊区域内生产企业生产耗用的列名原材料、输入特殊区域的水电气，其退税率为适用税率。如果国家调整列名原材料的退税率，列名原材料应当自调整之日起按调整后的退税率执行。

适用不同退税率的货物劳务，应分开报关、核算并申报退（免）税，未分开报关、核算或划分不清的，从低适用退税率。

《国家税务总局关于发布〈适用增值税零税率应税服务退（免）税管理办法〉的公告》（国家税务总局公告2014年第11号）第五条规定："增值税零税率应税服务的退税率为对应服务提供给境内单位适用的增值税税率。"

2. 判断出口退税率的时间节点

出口退税率的执行时间及出口货物劳务、发生跨境应税行为的时间，按照以下规定执行："报关出口的货物劳务（保税区及经保税区出口除外），以海关出口报关单上注明的出口日期为准；非报关出口的货物劳务、跨境应税行为，以出口发票或普通发票的开具时间为准；保税区及经保税区出口的货物，以货物离境时海关出具的出境货物备案清单上注明的出口日期为准。"

（1）如何查询

企业可以在电子口岸的出口退税模块中查询并打印报关单。自2015年5月1日起，出口的货物不再出具正本报关单，出口企业向税务机关申报出口退税时也不再需要提供纸质报关单（启运港退税业务除外），海关向税务机关传输结关信息，出口企业可直接登录电子口岸，进入出口退税模块中查询并打印结关报关单。

这里要注意一点，在货物申报出口时，企业是不需要填报出口日期的，因为运载出口货物的运输工具何时办结出境手续，在申报出口时是无法确定的，此时打印出来的出口报关单上就不会显示出口日期。一定要等到装载出口货物的运输工具办结出境手续后，打印出来的出口报关单上才会显示出口日期。

（2）如何核实

如果对电子口岸中的出口日期有疑问，可以向海事部门查询船舶离岗许可证上注明的日期，出口日期以船舶离港许可证上注明的日期为准。

《进出口货物报关单填制规范》第五条规定："进口日期填报运载进口货物的运输工具申报进境的日期。出口日期指运载出口货物的运输工具办结出境手续的日期，在申报时免予填报。无实际进出境的货物，填报海关接受申报的日期。"

那么，保税仓储货物分批出境时出口日期如何确定呢？《出口货物劳务增值税和消费税管理办法》明确规定："运入保税区的货物，如果属于出口企业销售给境外单位、个人，境外单位、个人将其存放在保税区内的仓储企业，离境时由仓储企业办理报关手续，海关在其全部离境后，签发进入保税区的出口货物报关单的，保税区外的生产企业和外贸企业申报退（免）税时，除分别提供本办法第四、五条规定的资料外，还须提供仓储企业的出境货物备案清单。确定申报退（免）税期限的出口日期以最后一批出境货物备案清单上的出口日期为准。"

【案例6-1】某企业于2021年1月1日与境外厂商签订购销合同，按照外商的要求，该企业需将20吨商品编号为72091510的冷轧钢铁卷材存入上海外高桥保税区，并于2021年4月1日向境外厂商发货10吨，再于2021年9月1日向境外厂商发货10吨。根据《财政部 税务总局关于取消钢铁产品出口退税的公告》（财政部 税务总局公告2021年第25号）的规定，自2021年8月1日起，取消本公告所附清单列示的钢铁产品出口退税。具体执行时间，以出口货物报关单上注明的出口日期界定。这种情形下，该企业的20吨货物全部无法享受出口退税。因为第一批 10 吨的货物虽然发货日期早于 2021 年 8 月 1 日，但该批货物的出口日期以最后一批货物备案清单上的出口日期为准，也就是 2021 年 9 月 1 日，这是晚于取消出口退税的日期。

3. 放弃适用增值税零税率

根据财政部、国家税务总局的规定，境内的单位和个人销售适用增值税零税率的服务或无形资产的，可以放弃适用增值税零税率，选择免税或按规定缴纳增值税。放弃适用增值税零税率后，36 个月内不得再申请。

有些人可能对企业放弃增值税零税率感到不可思议，这里要说明的是，每一项税收政策其实都是中性的，不存在绝对的优劣之分，是否真的合算，需要企业根据自身的情况做出判断。出口退税并非每个企业都适用。例如，增值税专用发票一旦用于出口退税，就无法同时享受留抵退税的待遇。纳税人出口货物劳务、发生跨境应税行为，适用免抵退税办法的，应先办理免抵退税。免抵退税办理完毕后，仍符合规定条件的，可以申请退还留抵税额；适用免退税办法的，相关进项税额不得用于退还留抵税额。因此，鱼与熊掌不可兼得，企业必须根据自身的情况做出选择。再例如，有些企业自知合规管理不到位，不了解出口退税的流程，也会主动选择放弃出口退税，以降低法律风险。

总之，出于现实的考虑，企业有可能会主动放弃零税率待遇。放弃适用增值税零税率后，36个月内不得再申请，这主要是国家税务机关出于反避税考虑做出的期限安排。

4. 贵金属的特殊规定

通常情况下，一种商品能否出口退税、出口退税率是多少，基本是确定的。但根据国家相关税收政策，有些特殊的商品，能否退税不能仅看商品名称，还要考虑商品的成分。例如，根据《财政部 国家税务总局关于以贵金属和宝石为主要原材料的货物出口退税政策的通知》（财税〔2014〕98号）："出口企业和其他单位出口的货物，如果其原材料成本80%以上为本通知附件所列原材料的，应按照成本占比最高的原材料的增值税、消费税政策执行。原材料的增值税、消费税政策是指本通知附件所列该原材料对应的商品编码在出口退税率文库中适用的增值税、消费税政策。"

附件：原材料和商品编码表

原材料	商品编码
珍珠	71012290
天然钻石	71021000
工业用和人造钻石	71022100
宝石	71059000
银	71069190
金	71081200
铂	71101100
钯	71102100
铑	71103100
铱、锇、钌	71104100

例如，出口企业和其他单位出口的手表，如果其原材料成本 80% 以上为商品编码 71081200 的金，则应当按照手表的原材料金执行出口免税政策，而不是按照手表执行出口退税政策。

国家税务总局公告 2013 年第 12 号进一步明确规定："出口企业或其他单位出口财税〔2012〕39 号文件第九条第（二）项第 6 目所列货物的，如果出口货物有两种及两种以上原材料为财税〔2012〕39 号文件附件 9 所列原材料的，按主要原材料适用政策执行。主要原材料是指出口货物材料成本中比例最高的原材料。"

【案例 6-2】2019 年 11 月，某市税务局联合公安、海关、人民银行以及国家税务总局驻地区特派办成功破获"流金 2 号"利用黄金制品循环骗税走私案。

经查，该案犯罪团伙为躲避监管，将黄金结合虚假高价报关进口回流的配件形成含金产品（黄金成本控制在 80% 以下）并违规出口境外，骗取退税。产品出口至境外后，将产品拆分，其中黄金立即在境外售卖，配件则再次回流、循环使用。该案共抓获犯罪嫌疑人 31 名，摧毁全链条团伙 3 个、犯罪窝点 10 个，各环节涉案金额 18.38 亿元，涉及退税款 1.06 亿元，走私黄金价值 6.01 亿元。

（六）出口退（免）税日期

1. 出口退（免）税申报的时间要求

无论货物还是服务的出口退（免）税，申报截止期限均为出口行为发生之日次月起至次年的 4 月 30 日之前。企业应在货物报关出口之日次月起至次年 4 月 30 日前的各增值税纳税申报期内，收齐有关凭证，向主管税务机关办理出口货物增值税、消费税免退税申报。经主管税务机关批准的，企业在增值税纳税申报期以外的其他时间也可以办理免退税申报。逾期的，企业不得申报免退税。

国家税务总局公告 2015 年第 88 号第三条规定："增值税零税率应税服务提供者收齐有关凭证后，可在财务作销售收入次月起至次年 4 月 30 日前的各增值税纳税申报期内向主管税务机关申报退（免）税；逾期申报的，不再按退（免）税申报，改按免税申报；未按规定申报免税的，应按规定缴纳增值税。"

2. 超期申请退（免）税的特别规定

自 2020 年 1 月 20 日起，《财政部 税务总局关于明确国有农用地出租等增值税政策的公告》（财政部 税务总局公告 2020 年第 2 号，以下简称 2 号公告）开始执行。其中，有关出口退（免）税的新规应当引起企业的重视。

根据 2 号公告第四条的规定，纳税人出口货物劳务、发生跨境应税行为，未在规定期限内申报出口退（免）税或者开具《代理出口货物证明》的，在收齐退（免）税凭证及相关电子信息后，即可申报办理出口退（免）税；未在规定期限内收汇或者办理不能收汇手续的，在收汇或者办理不能收汇手续后，即可申报办理退（免）税。

对此，企业应积极按照 2 号公告的要求补充申报，从而获得出口退（免）税。另外，需要注意的是，该公告自发布之日起执行，此前已发生的未处理事项，按公告规定执行。因此，2 号公告是具有溯及力的，即 2020 年 1 月 20 日之前的交易，也可以照此办理。建议企业好好翻翻旧账，看哪些交易是可以补齐资料提出退税申请的。

3. 税务机关办理退（免）税的期限

税务机关办理退（免）税的期限原则上取决于出口退税企业的信用等级，信用等级越高的企业，办结出口退（免）税的期限越短。但在存有疑点的情况下，必须待疑点排除后方可办结出口退（免）税。《出口退（免）税企业分类管理办法》对此做出了明确规定。

（1）对一类出口企业申报的出口退（免）税，国家税务机关经审核，同时符合下列条件的，应自受理企业申报之日起，5 个工作日内办结出口退（免）税手续：

① 申报的电子数据与海关出口货物报关单结关信息、增值税专用发票信息比对无误;

② 出口退(免)税额计算准确无误;

③ 不涉及税务总局和省国家税务局确定的预警风险信息;

④ 属于外贸企业的,出口的货物是从纳税信用级别为A级或B级的供货企业处购进;

⑤ 属于外贸综合服务企业的,接受其提供服务的中小生产企业的纳税信用级别为A级或B级。

(2)对二类出口企业申报的出口退(免)税,经国家税务机关审核,同时符合下列条件的,应自受理企业申报之日起,10个工作日内办结出口退(免)税手续:

① 符合出口退(免)税相关规定;

② 申报的电子数据与海关出口货物报关单结关信息、增值税专用发票信息比对无误;

③ 未发现审核疑点或者审核疑点已排除完毕。

(3)对三类出口企业申报的出口退(免)税,国家税务机关经审核,同时符合下列条件的,应自受理企业申报之日起,15个工作日内办结出口退(免)税手续:

① 符合出口退（免）税相关规定；

② 申报的电子数据与海关出口货物报关单结关信息、增值税专用发票信息比对无误；

③ 未发现审核疑点或者审核疑点已排除完毕。

（4）对四类出口企业申报的出口退（免）税，国家税务机关应按下列规定进行审核：

① 申报的纸质凭证、资料应与电子数据相互匹配且逻辑相符；

② 申报的电子数据应与海关出口货物报关单结关信息、增值税专用发票信息比对无误；

③ 对该类企业申报出口退（免）税的外购出口货物或视同自产产品，国家税务机关应对每户供货企业的发票，都要抽取一定的比例发函调查；

④ 属于生产企业的，对其申报出口退（免）税的自产产品，国家税务机关应对其生产能力、纳税情况进行评估。

国家税务机关按上述要求完成审核，并排除所有审核疑点后，应自受理企业申报之日起，20 个工作日内办结出口退（免）税手续。

（5）出口企业申报的出口退（免）税，国家税务机关发现存在下列情形之一的，应按规定予以核实，排除相关疑点后，方可办理出口退（免）税，不受本办法有关办结出口退（免）税手续时限的限制：

① 不符合上述（1）至（4）项规定的；

② 涉及海关、外汇管理局等出口监管部门提供的风险信息。

（七）出口退（免）税的单证备案

出口退税并不是退税款到账就万事大吉了，企业还必须留意出口退税单证备案的规定。否则，在后续的税务核查中，如果企业无法提供符合要求的备案材料，是有可能被取消出口退税待遇的，从而被要求返还出口退税款。有些企业还可能因为备案不符合规定而受到行政处罚，甚至被作为骗取出口退税的线索移交公安机关，进一步追究刑事责任。

出口退（免）税的单证备案要求也在不断变化，现行有效的是《国家税务总局关于进一步便利出口退税办理促进外贸平稳发展有关事项的公告》（国家税务总局公告

2022 年第 9 号）的规定。

纳税人应在申报出口退（免）税后 15 日内，将下列备案单证妥善留存，并按照申报退（免）税的时间顺序，制作出口退（免）税备案单证目录，注明单证存放方式，以备税务机关核查。

（1）出口企业的购销合同，包括出口合同、外贸综合服务合同、外贸企业购货合同、生产企业收购非自产货物出口的购货合同等。

（2）出口货物的运输单据，包括海运提单、航空运单、铁路运单、货物承运单据、邮政收据等承运人出具的货物单据，出口企业承付运费的国内运输发票，出口企业承付费用的国际货物运输代理服务费发票等。

（3）出口企业委托其他单位报关的单据，包括委托报关协议、受托报关单位为其开具的代理报关服务费发票等。

纳税人无法取得上述单证的，可用具有相似内容或作用的其他资料进行单证备案。除另有规定外，备案单证由出口企业存放和保管，不得擅自损毁，保存期为 5 年。

纳税人可以自行选择纸质化、影像化或者数字化方式，留存保管上述备案单证。选择纸质化方式的，还需在出口退（免）税备案单证目录中注明备案单证的存放地点。

税务机关按规定查验备案单证时，纳税人按要求将影像化或者数字化备案单证转换为纸质化备案单证以供查验的，应在纸质化单证上加盖企业印章并签字声明与原数据一致。

需要注意的是，纳税人发生零税率跨境应税行为不实行备案单证管理。

（八）消费税的出口退（免）税

从税种上看，能够享受出口退（免）税待遇的包括增值税和消费税。实践中，因为多为增值税出口退（免）税，所以很多人误以为只有增值税才可以申请出口退（免）税，实际上，符合条件的消费税同样可以申请出口退（免）税。

适用消费税退（免）税或征税政策的出口货物，如果属于消费税应税商品，消费税政策如下。

1. 适用范围

（1）出口企业出口或视同出口适用增值税退（免）税的货物，免征消费税，如果属于购进出口的货物，退还前一环节对其已征的消费税。

（2）出口企业出口或视同出口适用增值税免税政策的货物，免征消费税，但不退还其以前环节已征的消费税，且不允许在内销应税消费品应纳消费税款中抵扣。

（3）出口企业出口或视同出口适用增值税征税政策的货物，应按规定缴纳消费税，不退还其以前环节已征的消费税，且不允许在内销应税消费品应纳消费税款中抵扣。

2. 应退税额的计税依据

出口货物的消费税应退税额的计税依据，按购进出口货物的消费税专用缴款书和海关进口消费税专用缴款书确定。

（1）属于从价定率计征消费税的，应退税额的计税依据为已征且未在内销应税消费品应纳税额中抵扣的购进出口货物金额。

（2）属于从量定额计征消费税的，应退税额的计税依据为已征且未在内销应税消费品应纳税额中抵扣的购进出口货物数量。

（3）属于复合计征消费税的，按从价定率和从量定额的计税依据分别确定。

3. 应退税额的计算

消费税应退税额＝从价定率计征消费税的退税计税依据×比例税率＋从量定额计征消费税的退税计税依据×定额税率

从以上可以看出，消费税的税收管理基本上是"绑定"增值税的出口税收政策。增值税出口免税的，消费税同样出口免税；增值税出口征税的，消费税同样出口征税。但在出口退（免）税方面，消费税的出口退（免）税条件更加严格。对于增值税，生产企业购进或者自产的货物、贸易企业购进的货物均可以申请出口退（免）税；而对于消费税，则只有生产企业与贸易企业购进的货物可以享受出口退（免）税。

（九）出口退（免）税与外汇管理

随着外汇管理体制改革不断深入，外汇核销单已经退出历史舞台，纸质出口报关单也被电子化报关单信息所取代。但无论形式上如何改变，出口退（免）税必须收汇这个核心内容从未改变过。出口退（免）税的本意就是要鼓励出口企业创汇，通过出口货物或者服务换取外汇，提升中国制造的国际竞争力。只出口不收汇，并不是出口退（免）税制度建立的初衷。同时，及时收汇也是出口业务真实的重要佐证材料。因此，出口退（免）税对外汇管理有着严格的要求。外汇违规，很有可能使企业丧失出口退（免）税的待遇。因此，对于外汇的合规管理，出口企业要给予高度重视。

1. 收汇时间

对于具体的收汇时间，可以分为以下五种情形。

（1）退（免）税申报截止日之前收汇

国家税务总局公告 2022 年第 9 号对完善出口退（免）税收汇管理做出了明确的规定："纳税人申报退（免）税的出口货物，应当在出口退（免）税申报期截止之日前收汇。未在规定期限内收汇，但符合《视同收汇原因及举证材料清单》（附件 1）所列原因的，纳税人留存《出口货物收汇情况表》（附件 2）及举证材料，即可视同收汇；因出口合同约定全部收汇最终日期在退（免）税申报期截止之日后的，应当在合同约定收汇日期前完成收汇。"

（2）远期合同收汇

因出口合同约定全部收汇最终日期在退（免）税申报期截止之日后的，在合同约定收汇日期前完成收汇。但在远期合同收汇中，企业应当特别留意外汇合规问题。

《经常项目外汇业务指引（2020年版）》明确规定，符合下列情况之一的业务，企业应在货物进出口或收付汇业务实际发生之日起30天内，通过货贸系统向所在地外汇局报送对应的预计收付汇或进出口日期等信息：

①30天以上（不含）的预收货款、预付货款；

②90天以上（不含）的延期收款、延期付款；

③90天以上（不含）的远期信用证（含展期）、海外代付等进口贸易融资。

对已报告且未到预计进出口或收付汇日期的上述业务，企业可根据实际情况调整相关报告内容。

（3）退税申报时收汇

国家税务总局公告2022年第9号明确规定，出口退（免）税管理类别为四类的纳税人，在申报出口退（免）

税时，应当向税务机关报送收汇材料。

纳税人在退（免）税申报期截止之日后申报出口货物退（免）税的，应当在申报退（免）税时报送收汇材料。

纳税人被税务机关发现收汇材料为虚假或冒用的，应自税务机关出具书面通知之日起 24 个月内，在申报出口退（免）税时报送收汇材料。

除上述情形外，纳税人申报出口退（免）税时，无须报送收汇材料，留存举证材料备查即可。税务机关按规定需要查验收汇情况的，纳税人应当按照税务机关要求报送收汇材料。

（4）视同收汇

依据国家税务总局公告 2022 年第 9 号，对于为应对意外事件影响购买出口信用保险、无法收汇时获得保险赔款的企业，将未收汇则不能退税的政策，调整为将保险赔款视同收汇，予以办理退税。目前视同收汇的情形可登录国家税务总局官方网站查阅国家税务总局公告 2022 年第 9 号附件 1。

（5）延迟收汇

自 2020 年 1 月 20 日财政部、税务总局公告 2020 年第 2 号生效之日起，企业在收汇时间上的限制条件大幅放宽。企业只要确定今后可以收汇，就可以不做免税或者征税处理，即使超过了出口退（免）税申报截止日期，也可以在收汇后申报出口退税。但这里有一个重要的前提，就是企业必须确定今后是能够收汇的。如果毫无理由一直不收汇，又不进行免税或者征税操作，后续仍然要按照征税处理，并有可能受到税务机关的行政处罚。

以下分享一个真实的税务处罚案例。这家上市公司长期不能收汇，同时未补缴已经取得的出口退税款，受到了税务机关的处罚。

【案例 6-3】 D 科技股份有限公司（以下简称 D 公司）收到当地税务机关出具的《税务行政处罚决定书》，有关情况如下。

1. 违规行为——未按规定办理免抵退税

D 公司 2020 年未在规定的期限内向主管税务机关报送《出口货物不能收汇申报表》、出口货物不能收汇的原因及证明材料，冲减了出口销售收入 1 亿元，未按规定补缴已办理的免抵退税额共计 775 万元。D 公司的上述行为违反了《国家税务总局关于出口企业申报出口货物退（免）税提供收汇资料有关问题的公告》（国家税务总局公告2013年第30号）第一条、第五条、第七条的规定。

2. 证据指向

上述违法事实，主要有以下证据证明：D公司的账簿、记账凭证、报表和有关资料，包括该公司冲减出口销售收入凭证及附件、序时账、免抵退税申报汇总表等；该公司提供的情况说明及对证券交易所问询函的回复等材料。

3. 处罚决定

当地税务机关根据《中华人民共和国税收征收管理法》第六十二条及《国家税务总局关于出口企业申报出口货物退（免）税提供收汇资料有关问题的公告》（国家税务总局公告2013年第30号）第五条的规定，对D公司未在规定的期限内向主管税务机关报送《出口货物不能收汇申报表》、出口货物不能收汇的原因及证明材料的行为，处以2 000元罚款，并要求该公司自决定书送达之日起15日内缴纳罚款。

D公司按照上述要求，在规定的期限内全额缴纳了罚款。

注意：未按规定收汇的法律后果如下。

纳税人申报退（免）税的出口货物，具有下列情形之一，税务机关未办理出口退（免）税的，不得办理出口退（免）税；已办理出口退（免）税的，应在发生相关情形的次月用负数申报冲减原退（免）税申报数据，当期退（免）税额不足冲减的，应补缴差额部分的税款。

（1）因出口合同约定全部收汇最终日期在退（免）税申报期截止之日后的，未在合同约定收汇日期前完成收汇。

（2）未在规定期限内收汇，且不符合视同收汇的规定。

（3）未按上述规定留存收汇材料。

纳税人在国家税务总局公告 2022 年第 9 号施行前已发生上述情形但尚未处理的出口货物，应当按照上述规定进行处理；纳税人已按规定处理的出口货物，待收齐收汇材料、退（免）税凭证及相关电子信息后，即可申报办理出口退（免）税。

纳税人确实无法收汇且不符合视同收汇规定的出口货物，适用增值税免税政策。

税务机关发现纳税人申报退（免）税的出口货物收汇材料为虚假或者冒用的，应当按照《中华人民共和国税收征收管理法》有关规定进行处理，相应的出口货物适用增值税征税政策。

2. 收汇金额

在进出口业务当中，收付汇金额与合同金额出现一些偏差是很正常的。例如，出口的货物短装了 1%，或者出现了轻微的质量问题，为了解决纠纷，中国企业给予国外买家 1% 的折扣。合同约定的收款金额是 100 万美元，结果只收到了 99 万美元。很多企业会担心这样操作无法进行外汇核销，从而影响出口退税。

《经常项目外汇业务指引（2020 年版）》明确规定，对于除预期（延期）收汇与主体变更以外的其他影响货物贸易外汇收支与进出口一致性匹配的情况，企业可根据实际业务情况自主决定是否向所在地外汇局报送相关信息。所以，对于外汇收支与进出口一致性匹配问题，是否向外汇局报送相关信息的决定权在企业。企业应当保留好相关凭证，以备外汇局核查时能够做出说明。

3. 退汇

在进出口业务中，还有一种常见的情况就是退汇。例如，中国出口企业因为出口商品存在质量问题，需要将已收取的外汇部分退给国外企业。对此，企业在实践中应如何操作呢？

企业办理下列货物贸易外汇收支业务，应在收汇、付汇、开证、出口贸易融资放款或出口收入待核查账户资金结汇或划出前，提交相关材料到所在地外汇局审核真实性后办理登记：退汇日期与原收、付款日期间隔在 180 天以上（不含）或由于特殊情况无法原路退回的退汇业务，A 类企业单笔等值 5 万美元以上（不含）或 B、C 类企业，须提交书面申请（说明需要登记事项的具体内容，超期限或无法原路退汇的原因）、超期限或无法原路退汇的证明材料、原收付汇凭证、原进出口合同（因错误汇入以外的其他原因产生的贸易退汇时提供）、进出口货物报关单（发生货物退运时提供）。

其他的退汇业务，企业可以直接通过银行办理，无须报外汇局审核。进口项下退汇的境外付款人应为原收款人、境内收款人应当为原付款人。出口项下退汇的境内付款人应为原收款人、境外收款人应为原付款人。银行为企业办理退汇外汇收支时，应按展业原则审核相关交易单证。银行在为 A 类企业办理单笔等值 5 万美元以下（含）

的退汇业务时，对于退汇日期与原收、付款日期间隔在180天以上（不含）或由于特殊情况无法原路退回的退汇，银行除审核相应交易单证外，还应对超期限或无法原路退汇的原因进行合理审核，并在涉外收支申报交易附言中注明"特殊退汇"。

4. 收汇人与付汇人

企业应按照"谁出口谁收汇、谁进口谁付汇"原则办理货物贸易外汇收支业务，外汇管理法规另有规定的除外。

代理进口、出口业务原则上应由代理方付汇、收汇。代理进口业务项下，委托方可凭委托代理协议将外汇划转给代理方，也可由代理方购汇。代理出口业务项下，代理方收汇后可凭委托代理协议将外汇划转给委托方，也可在结汇后将人民币划转给委托方。

出口业务中，一定要由出口方收汇。但谁付汇在所不问，外汇法规中并未规定出口业务中一定要由境外的进口人付汇。例如，中国企业出口到国外的纺织品，当地国家施行外汇管制，则当地国家的进口商可能会安排本国以外的公司付款。这可能会成为税务机关的一个质疑点，需要企业做出合理的解释。

此外，在外贸代理中，根据《经常项目外汇业务指引（2020 年版）》的规定，原则上应由代理方付汇、收汇。代理进口业务项下，委托方可凭委托代理协议将外汇划转给代理方，也可由代理方购汇。代理出口业务项下，代理方收汇后可凭委托代理协议将外汇划转给委托方，也可结汇后将人民币划转给委托方。也就是说，一旦委托了外贸代理公司，则委托企业原则上不得直接与境外企业进行外汇往来，必须通过外贸代理公司进行。但有时会出现一些特殊情况，例如，外贸代理公司破产，则外贸代理公司无法履行代理职责，或者委托企业对外贸代理公司失去信任，不愿意通过外贸代理公司进行外汇结算。这种情况下，委托企业只能向外汇管理局申请特案审批。

5. 收取人民币能否出口退税

《经常项目外汇业务指引（2020 年版）》明确规定，海关特殊监管区域与境内海关特殊监管区域外之间的货物贸易，以及海关特殊监管区域内机构之间的货物贸易，可以人民币或外币计价结算。

根据现行的外汇管理规定，境内企业在与海关特定监管区域内企业进行货物贸易时，既可以使用人民币结算，也可以使用外汇结算。无论外汇还是人民币，均可以申请出口退税。

此外，根据《财政部 国家税务总局关于边境地区一般贸易和边境小额贸易出口货物以人民币结算准予退（免）税试点的通知》（财税〔2010〕26号）及《财政部 国家税务总局关于边境地区一般贸易和边境小额贸易出口货物以人民币结算准予退（免）税试点的补充通知》（财税〔2011〕8号）的规定，凡在内蒙古、辽宁、吉林、黑龙江、广西、新疆、西藏、云南省（自治区）行政区域内登记注册的出口企业，以一般贸易或边境小额贸易方式从海关实施监管的边境货物进出口口岸出口到接壤毗邻国家的货物，并采取银行转账人民币结算方式的，可享受应退税额全额出口退税政策。

（十）出口退（免）税与发票管理

《国家税务总局关于〈出口货物劳务增值税和消费税管理办法〉有关问题的公告》（国家税务总局公告2013年第12号）第二条第五项规定："2013年5月1日以后报关

出口的货物（以出口货物报关单上的出口日期为准），除下款规定以外，出口企业或其他单位申报出口退（免）税提供的出口货物报关单上的第一计量单位、第二计量单位，及出口企业申报的计量单位，至少有一个应同与其匹配的增值税专用发票上的计量单位相符，且上述出口货物报关单、增值税专用发票上的商品名称须相符，否则不得申报出口退（免）税。

如属同一货物的多种零部件需要合并报关为同一商品名称的，企业应将出口货物报关单、增值税专用发票上不同商品名称的相关性及不同计量单位的折算标准向主管税务机关书面报告，经主管税务机关确认后，可申报退（免）税。"

出口退（免）税与发票管理主要涉及两个问题：一个是发票与出口报关单上商品名称的一致性问题；另一个是发票与出口报关单上计量单位的一致性问题。国家税务总局之所以出台上述规定，主要原因是想通过一致性的比对，加强对出口退（免）税的监管，保持出口商品与退税商品的一致性。但有的时候，上述规定在执行中可能会产生"误伤"，需要企业与税务机关积极沟通。

除发票上商品名称应当与报关单相符外，发票上的数量也应当与报关单相符。如果属于分批出口等特殊情形，企业应当主动向税务机关说明。根据国家税务总局公告2018年第16号的规定，外贸企业购进货物需分批申报退（免）税，以及生产企业购进非自产应税消费品需分批申报消费税退税的，出口企业不再向主管税务机关填报《出口退税进货分批申报单》，由主管税务机关通过出口税收管理系统对进货凭证进行核对。

（十一）加工贸易与出口退（免）税

加工贸易是非常特殊的一种海关监管模式。加工贸易企业购买或者接受境外的全部或者部分料件，加工后全部出口的，在加工过程中享受保税的待遇。境外料件是购进的，属于进料加工，企业需要对外付汇；境外料件是境外无偿提供的，属于来料加工，企业不需要对外付汇。

在平时与加工贸易企业的沟通交流中，我发现加工贸易最大的风险在于混淆来料加工与进料加工。在这种情况下申请出口退（免）税，企业将同时面对海关、税务与外汇三层法律风险。

【案例6-4】2022年4月至2023年3月，A科技有限公司（以下简称A公司）向海关申报进口手机存储卡4 000万片，出口已加工存储卡4 000万片，申报的贸易方式为进料加工。A公司进出口手机存储卡材料供应商和委托加工方均为同一企业，手机存储卡进口报关后未实际付汇，成品出口也未相应收汇，仅收取委托方加工费。后经海关核查，A公司加工贸易方式应为来料加工，与其向海关申报的加工贸易方式不符，共计115票；出口报关单共计139票。据此，海关依法决定对A公司做出如下行政处罚：科处罚款人民币9 000元整。

上述案例中，9 000元罚款看上去并不多，但对企业的经营活动影响深远，可能会导致企业同时受到海关缉私局、税务稽查局、外汇管理局三方执法机构的调查与处理。下面主要针对这种情形下企业可能面临的风险进行说明。

1. 海关风险

A公司的行为被定性为错误申报行为，将来料加工申报为进料加工，并办理了相应的海关备案手续。这种错误申报行为在海关法中的影响，又可以进一步细分为以下三个方面。

（1）影响了海关统计的准确性

海关作为国际贸易的主管机关，依法对中境外贸的各项指标进行统计分析。要保证海关统计分析的正确性，进出口活动的参与者就必须准确地向海关进行申报。来料加工贸易与进料加工贸易分属于不同的统计科目，企业将来料加工申报为进料加工，会导致海关的统计结果不准确，因此 A 公司必须承担相应的法律责任。

（2）潜藏着走私风险

上述案例中，海关并未否定 A 公司享受加工贸易保税待遇，只是认为 A 公司混淆了两种具体的加工贸易方式，这与个案当中具体的案情息息相关。在类似的案件中，有些企业的违法故意更加明显。例如，同样的境外客户，同样的进口料件与出口成品，同样的加工工序与结算方式，企业只是将合同条款进行了改变，便将来料加工变更备案为进料加工。在这种情况下，企业骗取出口退税的故意是非常明显的。海关完全有可能以欺诈为由，撤销其加工贸易备案，从而否定企业所享受的保税待遇。一旦保税待遇被否定，则所有料件都面临补税的风险，企业极有可能被按照走私行为甚至走私罪追究法律责任。

（3）海关定性可能产生的蝴蝶效应

本案最大的影响，不在于海关行政处罚的金额，而在于海关对违法行为的定性。海关将 A 公司的错误申报行为确定下来，依据现行的工作机制，海关必须将 A 公司的违法情况告知税务机关，并可以通知外汇管理机关。税务机关与外汇管理机关在违法行为已有定论的情况下，必须跟进对 A 公司做出处理，由此引发 A 公司后续的税务违法责任与外汇违法责任。

2. 税务风险

因为将来料加工错误申报为进料加工，A 公司可能会承担如下税务风险与违法责任。

（1）税务处理和税务处罚的行政责任

根据规定，来料加工复出口的货物实行免征增值税政策。可见，来料加工与进料加工在出口退（免）税上的待遇是完全不同的，进料加工可以办理出口退（免）税，来料加工则不得办理出口退（免）税，只能享受免税的待遇。这样一来，企业所有已经取得的退税款都必须退回。

同时，由于用于免税的项目进项税额不得抵扣，因此企业生产中购进的国产料件的增值税专用发票必须做进项转出处理。也就是说，企业在退回出口退税款的同时，还必须补缴增值税。除此之外，企业还有可能受到停止办理出口退（免）税、调低出口退税信用等级、罚款等税务处罚与处理，导致后续的出口与退税活动举步维艰，甚至根本无法开展。

（2）刑事责任

作为一种行政犯，骗取出口退税的行政责任与刑事责任之间只隔着一层薄薄的纱：犯罪主观故意。犯罪主观故意即使企业不承认，税务机关与公安机关也可能从证据中通过推定的方式确定。实践当中，此类证据通常表现为企业相关人员之间的电子邮件往来、网络聊天记录、会议纪要及 PPT 资料等。一旦犯罪主观故意被确认，案件的性质可能就会朝着犯罪的方向发展。

3.外汇风险

除了海关风险和税务风险，混淆来料加工和进料加工，还会产生外汇风险。按照进料加工的交易模式，加工贸易企业从境外购进料件的时候要付汇，将成品销售给外商的时候要收汇。无论收汇还是付汇，都必须符合外汇管理局的监管要求。超过规定的期限不收汇或者不付汇的，企业必须在外汇管理系统中进行报备，情况严重时还必须到外汇管理局现场进行解释说明。

长期只出口货物而不收汇，还将导致企业无法办理出口退（免）税。在这种情况下，为了获得出口退（免）税，一些企业会铤而走险，通过地下交易进行虚假的收汇，取得虚假的收汇流水。这样一来，企业在外汇与税务方面的违规程度会不断聚集，变得越来越严重。

在我们所做的关务咨询中，企业会提出一些不收汇、不付汇的抗辩意见。最常见的抗辩意见是外商将应付的加工费和应收的料件费进行了抵销，因此可以最终既不收汇也不付汇，这种说法是明显不能成立的。还有一些企业提出挂账的说法，这种说法既不符合出口退（免）税的规定，也不符合外汇管理局对货物贸易外汇监管的规定。

4. 合规建议

可以说，混淆来料加工与进料加工会给企业带来巨大的风险。对此，企业必须做到未雨绸缪、防微杜渐，从经营活动开始之前就要高度重视相关的合规问题。

（1）企业应该清楚什么是加工贸易

加工贸易是指经营企业进口全部或者部分原辅材料、零部件、元器件、包装物料，经过加工或者装配后，将制成品复出口的经营活动，包括来料加工和进料加工。

针对加工贸易的定义，下面两个问题经常被提及。

第一，能否全部的料件都从国内采购？

第二，加工或者装配有没有程度的要求，最简单的分拣是否属于加工或者装配，是否必须达到税号改变的程度才属于加工或者装配？

对于第一个问题，答案是非常明确的，不能。根据加工贸易的定义，至少要有部分原辅材料、零部件、元器件、包装物料是进口的，至于具体的比例，目前没有明确的规定。但百分之百使用国产料件进行生产的，不属于加工贸易。

对于第二个问题，答案并不明确。企业的生产流程多种多样，海关很难事先以清单的方式做出明确的规定。可以肯定的是，加工贸易对加工的程度要求并不高，不要求制成品达到税号改变的标准。例如，仅仅是给进口产品贴标、将国内的包装盒与进口的糖果组合在一起，就可以开展加工贸易。

（2）企业必须搞明白进料加工和来料加工之间的区别

来料加工是指进口料件由境外企业提供，经营企业不需要付汇进口，只需要按照境外企业的要求进行加工或者装配，并收取加工费，制成品由境外企业销售的经营活动。进料加工是指进口料件由经营企业付汇进口，制成品由经营企业外销出口的经营活动。

可以看出，来料加工与进料加工必须基于交易实质做出判断。核心在于境外企业与加工企业之间就料件是否有真实的买卖意愿。如果有买卖料件的意愿，就是进料加工；如果料件是免费提供的，就是来料加工。除了境外企业与加工企业签订的书面合同，行业交易惯例、以往交易惯例等都有可能成为执法机关判断加工贸易合理性的依据。如果情节足够严重，刑事侦查机关介入之后，还有可能通过讯问笔录的方式固定关键事实，甚至直接向境外企业了解核实相关情况。因此，加工企业千万不能认为，从来料加工到进料加工的转换，是交易双方就能说了算的事，这绝对不是调整一下合同条款、变更一下海关备案名称那么简单。

（3）企业必须同时兼顾海关、税务与外汇方面的合规问题

从来料加工变为进料加工，意味着从不收汇变成了应收汇，从不退税变成了可退税，企业所涉及的法律风险也相应增加了。由于加工贸易不涉及出口产品的税收，因此其并不是海关关注的重点。一旦从来料加工变为进料加工，即使海关接受了备案的变更，也并不意味着企业后续的经营活动就是合规合法的，企业要重点关注后续的税务与外汇风险。这就要求企业必须在备案变更之前，就对海关、税务、外汇的合规问题做出通盘的考虑。

（十二）出口转内销的税务处理

原计划出口的货物，可能会因为商业原因改为内销，或者因为不符合税收管理规定被按照视同内销处理。无论内销还是视同内销，都不可避免地涉及购进货物增值税专用发票的处理问题，即如何将购进货物的增值税专用发票用于抵扣。根据权利与义务相一致的原则，既然按照内销或者视同内销缴纳增值税，那么购进货物的增值税专用发票也应当允许抵扣。但这个抵扣并不是自动发生的，需要

企业履行必要的税务手续，也就是要取得《出口货物转内销证明》。企业应在取得《出口货物转内销证明》的下一个增值税纳税申报期内，将此证明作为纳税申报时进项税额抵扣的凭证。

但应当注意的是，国家税务总局公告2022年第9号明确规定，纳税人申请开具《代理出口货物证明》《代理进口货物证明》《委托出口货物证明》《出口货物转内销证明》《中标证明通知书》《来料加工免税证明》的，税务机关为其开具电子证明，并通过电子税务局、国际贸易"单一窗口"等网上渠道向纳税人反馈。纳税人申报办理出口退（免）税相关涉税事项时，仅需要填报上述电子证明编号等信息，无须另行报送证明的纸质件和电子件。纳税人申请开具《出口货物转内销证明》时，停止报送《出口货物已补税/未退税证明》原件及复印件。对于停止报送的资料原件，纳税人应当妥善留存备查。

企业如弄虚作假，原取得的《出口货物转内销证明》涉及的进项税额要做转出处理。

最后，根据《财政部 国家税务总局关于出口货物劳务增值税和消费税政策的通知》（财税〔2012〕39号）的规定，出口货物若已按征退税率之差计算不得免征和抵扣税额，并已经转入成本的，相应的税额应转回进项税额。

（十三）出口退（免）税中的合规重点

在出口退（免）税业务中，税务机关并非查实出口企业的违法行为才能停止出口退（免）税或者追回已退税款，税务机关只要提出疑点，举证责任就会转向企业，由企业通过举证排除疑点。如果疑点一直无法排除，退税手续就一直无法办理。并且，存在疑点的出口退（免）税业务还会波及其他没有疑点的业务，主管税务机关须排除骗税疑点后，方能办理退（免）税。

因此，企业必须做好出口业务的合规管理。只有这样，在日常受到税务机关的质疑时，才能及时提交佐证材料排除疑点，尽快恢复正常的出口退（免）税业务。企业主要应当做好以下几方面的工作。

1. 留存证据

出口企业应当亲力亲为，对上游生产企业进行考察，并留下足够的凭证，以避免留下"四自三不见"的口实。

"四自三不见"，是指出口企业在"客商"或中间人自带客户、自带货源、自带汇票、自行报关和出口企业不见出口产品、不见供货货主、不见外商的情况下进行交易。凡是具备"四自三不见"特征的交易，极有可能被认定为骗取出口退税。

在正常的外贸代理业务中，可能存在上游工厂出于被外贸企业"跳单"、客户流失的考虑，往往不会让外贸企业接触外商和客户的情况。而且，即使见到了客户、见到了出口产品，大多数外贸企业也仅仅停留在"看一看"的层面，并没有意识到应该进行证据保全。从合规风险防范的角度来看，在大额的出口退税交易中，外贸企业要想避免被判定为"四自三不见"，事先必须具有风险防范意识，就是否见过出口产品、是否见过供货货主、是否见过外商等通过摄像或者公证的方式予以固定，以便在税务机关调查时能够拿出足够的证据。

2. 注意申报出口退（免）税的方式

实务中，有些企业存在通过"假自营真代理"的方式申请出口退（免）税的情况。例如，生产企业不符合出口退（免）税的条件，然后做了一个形式上的买卖，由外贸企业作为自有货物以自营出口的方式申请退税，退税款打到了外贸企业的账上。要知道，以自营出口的方式申报出口退（免）税，企业必须证明自己对出口的货物是拥有所有权的，如果所有权属于上游生产企业，则外贸企业只能以代理出口的名义申报，税款也会退到上游生产企业的账上。

此处，外贸企业应当了解一个特例。根据国家税务总局的规定，外贸综合服务企业是可以将他人的货物以自营出口的方式进行申报的。外贸企业是否可以自营出口申报他人的货物，取决于外贸企业的身份。《国家税务总局关于调整完善外贸综合服务企业办理出口货物退（免）税有关事项的公告》（国家税务总局公告 2017 年第 35 号）明确提出，外贸综合服务企业必须向税务机关备案。因此，目前外贸企业要适用外贸综合服务企业的特殊退税政策，除了业务类型符合规定，程序上还必须向税务机关备案。

3. 重视相关业务海关手续的办理

出口退（免）税是由税务机关主管的，但却离不开海关的配合，许多出口退（免）税业务出现问题，都与海关手续未办妥有关。对此，外贸企业应当注意以下两点。

首先，当提单与报关单不一致时，要及时提交情况说明。

其次，要注意贸易方式的选择。外贸企业必须意识到，并不是货物实际离境就可以办理出口退（免）税，只有以特定的贸易方式出口的货物，才可以办理出口退（免）税。最常见的办理出口退（免）税的贸易方式是"一般贸易"，在其他的贸易方式下，是无法办理出口退（免）税的。

国家设立出口退（免）税制度的目的是鼓励对外贸易，希望通过退回增值税的方式来降低出口商品的价格，提高出口商品的竞争力。基于这种考虑，只有能够收汇的出口业务，才存在出口退（免）税的可能性。修理物品和进料成品退换项下的货物都是不收汇的，因此这两种贸易方式项下的货物是无法申请退（免）税的。

4. 对上游企业开具增值税专用发票的审查

增值税专用发票是办理出口退税不可或缺的凭证，这就意味着增值税专用发票本身所固有的风险也被带入了出口退税活动中。

《国家税务总局关于异常增值税扣税凭证管理等有关

事项的公告》（国家税务总局公告 2019 年第 38 号）第三条第（二）项规定："尚未申报出口退税或者已申报但尚未办理出口退税的，除另有规定外，暂不允许办理出口退税。适用增值税免抵退税办法的纳税人已经办理出口退税的，应根据列入异常凭证范围的增值税专用发票上注明的增值税额作进项税额转出处理；适用增值税免退税办法的纳税人已经办理出口退税的，税务机关应按照现行规定对列入异常凭证范围的增值税专用发票对应的已退税款追回。"

可见，不管外贸企业自身是否有意识使用虚开或者失控等异常凭证，都有可能受到上游企业的牵连。上游企业开出的增值税专用发票一旦被认定为异常凭证，出口退税企业就必须先退回已获得的出口退税款，然后再向税务机关提出抗辩主张。

对于纳税信用等级好的外贸企业，应当注意用好申请核实的权利。国家税务总局公告 2019 年第 38 号第三条第（四）项规定："纳税信用 A 级纳税人取得异常凭证且已经申报抵扣增值税、办理出口退税或抵扣消费税的，可以自接到税务机关通知之日起 10 个工作日内，向主管税务机关提出核实申请。经税务机关核实，符合现行增值税进项税额抵扣、出口退税或消费税抵扣相关规定的，可不作进项税额转出、追回已退税款、冲减当期允许抵扣的消费税税款等处理。纳税人逾期未提出核实申请的，应于期满后按照本条第（一）项、第（二）项、第（三）项规定作相关处理。"

5. 商品编码的确定

在出口退税业务中，商品编码出现争议是非常常见的现象。在某项商品的商品编码不确定时，企业应该考虑和其他的商品分别填制出口报关单。因为一项商品的商品编码错误，同一张报关单上其他项商品也会受到影响，即使其他项商品的商品编码正确也不能办理出口退税。

6. 国际贸易术语的使用

从海关监管来说，企业在使用国际贸易术语时应当注意以下两条原则。

第一，根据中国海关的规定，企业报关时能够选择的国际贸易术语是特定的，使用海关规定之外的贸易方式进行申报，都存在着一个切换的问题，从而必须把企业实际使用的贸易术语切换为海关认可的贸易术语。目前，中国海关仅接受七种国际贸易术语，分别为 CIF（成本、保险费加运费）、C&F（成本加运费）、C&I（成本加保险费）、市场价、垫仓、FOB（离岸价）、EXW（工厂交货价）。企业在向中国海关进行申报时，其他的国际贸易术语必须转换为这七种国际贸易术语。

第二，在国际贸易术语的选择上，除了满足中国海关的监管要求，还必须兼顾进口国的海关监管要求，力求找到一种进口国与出口国都能接受的贸易术语。如果企业所选择的国际贸易术语不被其中一国海关接受，就会出现企业被动更改贸易术语，满足了一国海关的要求而被另一国海关以单证不符为由进行处罚的情况。

7. 注意出口地与付汇地的一致性问题

在出口退税实践中，税务机关一般会把出口地与付汇地是否一致作为判定出口退税的条件之一。而实务中，由于商业交易的复杂性，出口地与付汇地的不一致较为常见，如以下几种情形。

（1）如果外贸企业是向某国中间商供货，而某国中间商背靠背地将单证转售给了第三国的最终买方，由第三国的最终买方直接向外贸企业付汇。这种情形下，报关单上的出口地就会与实际付汇地不一致。

（2）在跨国公司采购中，可能是集团设在某国的子公司采购货物，但货款由集团设在其他国家的采购中心或者财务公司支付，此时也会出现出口地与付汇地不一致的情形。

（3）当出口地存在外汇管制时，也可能出现出口地与付汇地不一致的情形。

外贸企业在办理出口退税过程中，如果出口地与付汇地不一致，要及时准备资料，根据交易的真实背景，向税务机关做出合理的说明，同时附上必要的交易单证和往来信息作为佐证。必要时，企业应当主动联系税务机关进行沟通汇报，以避免被误判。

二、出口免税

如前所述，并非所有的货物都能享受出口退（免）税的待遇，很多货物出口时只能享受出口免税的待遇。

（一）一般规定

根据财税〔2012〕39号文件的规定，对符合下列条件的出口货物劳务，实行免征增值税（以下称增值税免税）政策。

1. 出口企业或其他单位出口规定的货物

（1）增值税小规模纳税人出口的货物。

（2）避孕药品和用具，古旧图书。

（3）软件产品。其具体范围是指海关税则号前四位为"9803"的货物。

（4）含黄金、铂金成分的货物，钻石及其饰品。

（5）国家计划内出口的卷烟。

（6）已使用过的设备。其具体范围是指购进时未取得增值税专用发票、海关进口增值税专用缴款书但其他相关单证齐全的已使用过的设备。

（7）非出口企业委托出口的货物。

（8）非列名生产企业出口的非视同自产货物。

（9）农业生产者自产农产品（农产品的具体范围按照《农业产品征税范围注释》的规定执行）。

（10）油画、花生果仁、黑大豆等财政部和国家税务总局规定的出口免税的货物。

（11）外贸企业取得普通发票、废旧物资收购凭证、农产品收购发票、政府非税收入票据的货物。

（12）来料加工复出口的货物。

（13）特殊区域内的企业出口的特殊区域内的货物。

（14）以人民币现金作为结算方式的边境地区出口企业从所在省（自治区）的边境口岸出口到接壤国家的一般贸易和边境小额贸易出口货物。

（15）以旅游购物贸易方式报关出口的货物。

2. 出口企业或其他单位视同出口的下列货物劳务

（1）国家批准设立的免税店销售的免税货物［包括进口免税货物和已实现退（免）税的货物］。

（2）特殊区域内的企业为境外的单位或个人提供加工修理修配劳务。

（3）同一特殊区域、不同特殊区域内的企业之间销售特殊区域内的货物。

对于适用增值税免税政策的出口货物劳务，出口企业或其他单位可以依照现行增值税有关规定放弃免税，并依照本通知第七条的规定缴纳增值税。

（二）特殊规定

1. 对跨境电商出口未取得有效进货凭证的货物的免税规定

对综试区电子商务出口企业出口未取得有效进货凭证的货物，同时符合下列条件的，试行增值税、消费税免税政策：

（1）电子商务出口企业在综试区注册，并在注册地跨境电子商务线上综合服务平台登记出口日期、货物名称、计量单位、数量、单价、金额；

（2）出口货物通过综试区所在地海关办理电子商务出口申报手续；

（3）出口货物不属于财政部和税务总局根据国务院决定明确取消出口退（免）税的货物。

2. 市场采购贸易方式出口货物的免税规定

《市场采购贸易方式出口货物免税管理办法（试行）》对市场化采购免税出口做出了明确规定。市场采购贸易方式出口货物，是指经国家批准的专业市场集聚区内的市场经营户（以下简称市场经营户）自营或委托从事市场采购贸易经营的单位（以下简称市场采购贸易经营者），按照海关总署规定的市场采购贸易监管办法办理通关手续，并纳入涵盖市场采购贸易各方经营主体和贸易全流程的市场采购贸易综合管理系统管理的货物（国家规定不适用市场采购贸易方式出口的商品除外）。

市场经营户自营或委托市场采购贸易经营者以市场采购贸易方式出口的货物免征增值税。市场采购虽然无法办理出口退（免）税，但一些地方政府会提供出口补贴，而有些企业为了获得出口补贴，在市场采购中存在高报出口价格以获得出口补贴的违法行为。

【案例6-5】2021年1月29日，义乌C进出口有限公司（以下简称C公司）以市场采购贸易方式向义乌海关申报出口锁体等一批货物，为非退税货物。经查，申报总价为6.3万美元，折合人民币41.17万元。货物实际采购金额为10.09万元人民币，出口货物价格比实际价格高报31.08万元。

最终，海关向 C 公司出具了行政处罚决定书，认定 C 公司高报价格造成申报不实的行为影响了海关监管秩序，决定对其罚款人民币 1.2 万元整。

3. 服务出口免税

服务出口免税涉及工程项目在境外的建筑服务，工程项目在境外的工程监理服务，工程、矿产资源在境外的工程勘察勘探服务，会议展览地点在境外的会议展览服务，存储地点在境外的仓储服务等 20 项，具体规定可参见《国家税务总局关于发布〈营业税改征增值税跨境应税行为增值税免税管理办法（试行）〉的公告》（国家税务总局公告 2016 年第 29 号）第二条的规定。

4. 出口价格明显偏高且无正当理由的

出口企业或其他单位出口的适用增值税退（免）税政策的货物劳务服务，如果货物劳务服务的国内收购价格或出口价格明显偏高且无正当理由的，该出口货物劳务服务适用增值税免税政策。

国家主管税务机关一般按照下列方法确定货物劳务服务价格是否偏高。

（1）按照该企业最近时期购进或出口同类货物劳务服务的平均价格确定。

（2）按照其他企业最近时期购进或出口同类货物劳务服务的平均价格确定。

（3）按照组成计税价格确定。组成计税价格的公式为：

组成计税价格 = 成本 × （1+ 成本利润率）

成本利润率由国家税务总局统一确定并公布。

5. 供货纳税人异常

出口企业购进货物的供货纳税人有属于办理税务登记2年内被税务机关认定为非正常户，或被认定为增值税一般纳税人2年内注销税务登记，且符合下列情形之一的，自主管其出口退税的税务机关书面通知之日起，在24个月内出口的适用增值税退（免）税政策的货物劳务服务，改为适用增值税免税政策。

（1）外贸企业使用上述供货纳税人开具的增值税专用发票申报出口退税，在连续12个月内达到200万元以上（含本数，下同）的，或使用上述供货纳税人开具的增值税专用发票，连续12个月内申报退税额占该期间全部申报退税额30%以上的。

（2）生产企业在连续 12 个月内申报出口退税额达到 200 万元以上，且从上述供货纳税人处取得的增值税专用发票税额达到 200 万元以上或占该期间全部进项税额 30% 以上的。

（3）外贸企业连续 12 个月内使用 3 户以上上述供货纳税人开具的增值税专用发票申报退税，且占该期间全部供货纳税人户数 20% 以上的。

（4）生产企业连续 12 个月内有 3 户以上上述供货纳税人，且占该期间全部供货纳税人户数 20% 以上的。

上述所称"连续 12 个月内"，是指外贸企业自使用上述供货纳税人开具的增值税专用发票申报退税的当月开始计算，生产企业自从上述供货纳税人处取得增值税专用发票认证当月开始计算。

6. 其他异常情况

出口企业或其他单位存在下列情况之一的，其出口适用增值税退（免）税政策的货物劳务服务，一律适用增值税免税政策：

（1）法定代表人不知道本人是法定代表人的；

（2）法定代表人为无民事行为能力人或限制民事行为

能力人的。

（三）备案规定

1. 免税备案申请资料

根据规定，企业发生免征增值税跨境应税行为，应在首次享受免税的纳税申报期内或在各省、自治区、直辖市和计划单列市国家税务机关规定的申报征期后的其他期限内，到主管税务机关办理跨境应税行为免税备案手续。

2. 备案后续管理要求

原签订的跨境销售服务或无形资产合同发生变更，或者跨境销售服务或无形资产的有关情况发生变化，变化后仍属于免税范围的，纳税人应向主管税务机关重新办理跨境应税行为免税备案手续。

3. 增值税应税行为出口免税的备案与增值税减免税的备案并不相同

增值税应税行为出口免税的备案与增值税减免税的备案并不相同，特别容易被混淆，应当引起大家的注意。

《国家税务总局关于进一步优化增值税优惠政策办理

程序及服务有关事项的公告》（国家税务总局公告 2021 年
第 4 号，以下简称 4 号公告）明确规定，单位和个体工商
户（以下统称纳税人）适用增值税减征、免征政策的，在
增值税纳税申报时按规定填写申报表相应减免税栏次即可
享受，相关政策规定的证明材料留存备查。据此，很多企
业产生了疑问：增值税应税行为出口免税是否还需要办理
备案呢？答案是需要。

　　国家税务总局公告 2016 年第 29 号（以下简称 29 号
公告）规定，纳税人发生免征增值税跨境应税行为的，应
在首次享受免税的纳税申报期内或在各省级税务机关规定
的申报征期后的其他期限内，到主管税务机关办理跨境应
税行为免税备案手续，同时提交相关备案材料。

　　4 号公告是针对增值税减、免税优惠政策办理程序及
服务事项做出的规定，而增值税跨境应税行为的免税，是
按照消费地征税的基本原则确定的，与零税率一样，其不
属于增值税优惠政策的范畴。因此，适用跨境应税行为免
征增值税的，仍应按照 29 号公告的有关规定办理跨境应
税行为免税备案手续，同时提交相关备案材料。

4. 商务主管机关对增值税应税行为出口的行政管理

与货物出口不同，技术或者服务的进出口往往缺乏外在的表现形式。例如，企业在进出口设备时一般以卡车运输凭证、提单、仓单等予以佐证，而技术或者服务的进出口可能仅仅体现为一张光盘，甚至是一个可供登录下载的账户和密码。为了实施有效监管，技术或者服务的进出口会涉及商务主管机关等的行政管理。

《中华人民共和国技术进出口管理条例》明确规定，进口属于限制进口的技术，应当向国务院外经贸主管部门提出技术进口申请并附有关文件；进口属于自由进口的技术，应当向国务院外经贸主管部门办理登记。申请人凭技术进口许可证或者技术进口合同登记证，办理外汇、银行、税务、海关等相关手续。

（四）出口免税中的收汇与视同收汇

与出口退税一样，要享受出口免税待遇，纳税人同样需要满足收汇与视同收汇的要求。下列情形视同从境外取得收入。

（1）纳税人向外国航空运输企业提供物流辅助服务，

从中国民用航空局清算中心、中国航空结算有限责任公司或者经中国民用航空局批准设立的外国航空运输企业常驻代表机构取得的收入。

（2）纳税人与境外关联单位发生跨境应税行为，从境内第三方结算公司取得的收入。上述所称第三方结算公司，是指承担跨国企业集团内部成员单位资金集中运营管理职能的资金结算公司，包括财务公司、资金池、资金结算中心等。

（3）纳税人向外国船舶运输企业提供物流辅助服务，通过外国船舶运输企业指定的境内代理公司结算取得的收入。

（4）国家税务总局规定的其他情形。

《国家税务总局关于取消增值税扣税凭证认证确认期限等增值税征管问题的公告》（国家税务总局公告 2019 年第 45 号）补充明确，中华人民共和国境内（以下简称"境内"）单位和个人作为工程分包方，为施工地点在境外的工程项目提供建筑服务，从境内工程总承包方处取得的分包款收入，属于"视同从境外取得收入"。

三、视同出口的退（免）税规定

顾名思义，出口退（免）税中退税的前提是必须有货物出口，但在实际操作中，出口并不仅仅限于货物离开中国国境，在视同出口的情况下，即使货物并未离开中国国境或者虽然离开了中国国境但并未发生实际的销售，仍然可以办理出口退（免）税。以下结合国家税务总局的文件，对出口与视同出口的规定进行介绍。

（一）视同出口货物的范围

出口企业或其他单位视同出口货物的范围如下。

（1）出口企业对外援助、对外承包、境外投资的出口货物。

（2）出口企业经海关报关进入国家批准的出口加工区、保税物流园区、保税港区、综合保税区、珠澳跨境工业区（珠海园区）、中哈霍尔果斯国际边境合作中心（中方配套区域）、保税物流中心（B型）（以下统称特殊区域）并销售给特殊区域内单位或境外单位、个人的货物。

（3）免税品经营企业销售的货物（国家规定不允许经

营和限制出口的货物、卷烟和超出免税品经营企业《企业法人营业执照》规定经营范围的货物除外）。具体是指：①中国免税品（集团）有限责任公司向海关报关运入海关监管仓库，专供其经国家批准设立的统一经营、统一组织进货、统一制定零售价格、统一管理的免税店销售的货物；②国家批准的除中国免税品（集团）有限责任公司外的免税品经营企业，向海关报关运入海关监管仓库，专供其所属的首都机场口岸海关隔离区内的免税店销售的货物；③国家批准的除中国免税品（集团）有限责任公司外的免税品经营企业所属的上海虹桥、浦东机场海关隔离区内的免税店销售的货物。

（4）出口企业或其他单位销售给用于国际金融组织或外国政府贷款国际招标建设项目的中标机电产品。中标机电产品包括外国企业中标再分包给出口企业或其他单位的机电产品。

（5）生产企业向海上石油天然气开采企业销售的自产的海洋工程结构物。

（6）出口企业或其他单位销售给国际运输企业用于国际运输工具上的货物。上述规定暂仅适用于外轮供应公司、远洋运输供应公司销售给外轮、远洋国轮的货物，国内航空供应公司生产销售给国内和境外航空公司国际航班的航空食品。

（二）办理退（免）税时应注意的问题

视同出口货物办理退（免）税过程中，最常见的是上述第（2）种情形。货物没有离开国境，但进入了特定的海关监管区域（以下简称特殊监管区域），在入区时就可以办理退（免）税。企业在办理退（免）税时，以下几个问题需要特别注意。

1. 不要把保税区当成了综合保税区

并不是所有的海关监管区域内的货物销售均符合视同出口的要求。例如，保税区与综合保税区虽然都是海关监管区域，但货物报关进入保税区是不得办理出口退（免）税的，保税区内的货物只有在实际出口离开国境之后才能够办理出口退（免）税。

2. "一日游"出口退（免）税可能带来牢狱之灾

除了报关进入特殊监管区域，出口企业还必须存在销售行为才能够办理出口退（免）税。有些出口业务惨淡的企业，会把目光转向形式出口，也就是货物不离开中国国境，只是借助综合保税区等特殊监管区域入区即视同出口的政策，开展出口退（免）税活动，即"一日游"，这样操作存在一定的风险。

例如，两家区外公司之间货权直接转移，但资金往往通过境外公司流转，货物先从综合保税区区外 A 公司运到综合保税区区内的仓储地，再运到综合保税区区外 B 公司，以实现出口退税，外币结算。再例如，综合保税区区外 A 公司与综合保税区区外 B 公司签订合同，区外 A 公司先将货物出口到某地综合保税区仓储企业，再通过特殊监管区域间流转的形式转到南方某地公共型保税仓库，然后区外 B 公司再报进口，比之前所谓的"一日游"仅仅多转了一个特殊监管区域。

上述类似操作都是不合规的，最大的风险在于购货方的身份不符合视同出口的条件。将货物运进综合保税区来了个"一日游"，完成了形式上的出口，但是交易的双方都是区外企业，并没有销售给特殊监管区域内单位或境外单位、个人的货物。所谓销售，必须有转移货物所有权的意思，而不仅仅是将货物送进综合保税区内的物流企业仓储一下，然后出区销售给区外企业。

上述两例都是不符合出口退（免）税条件的。为达到出口退税的目的，区外企业可能会弄虚作假，要么与特殊监管区域内的企业相互串通做虚假买卖，要么虚构境外单位。如此一来，性质就变了，相关企业最后有可能被追究骗取出口退税的法律责任，甚至构成骗取出口退税罪。

3. 视同出口不适用于增值税应税行为

国家税务总局公告 2016 年第 29 号第三条规定："纳税人向国内海关特殊监管区域内的单位或者个人销售服务、无形资产，不属于跨境应税行为，应照章征收增值税。"因此，视同出口退（免）税政策，仅适用于货物贸易，对于服务贸易并不适用。

四、不适用退（免）税与免税政策的情况

根据财税〔2012〕39 号文件的规定，下列出口货物劳务，不适用增值税退（免）税政策，视同内销货物征税的

其他规定征收增值税。

（1）出口企业出口或视同出口财政部和国家税务总局根据国务院决定明确的取消出口退（免）税的货物（不包括来料加工复出口货物、中标机电产品、列名原材料、输入特殊区域的水电气、海洋工程结构物）。

（2）出口企业或其他单位销售给特殊区域内的生活消费用品和交通运输工具。

（3）出口企业或其他单位因骗取出口退税被税务机关停止办理增值税退（免）税期间出口的货物。

（4）出口企业或其他单位提供虚假备案单证的货物。

（5）出口企业或其他单位增值税退（免）税凭证有伪造或内容不实的货物。

（6）出口企业或其他单位未在国家税务总局规定期限内申报免税核销以及经主管税务机关审核不予免税核销的出口卷烟。

（7）出口企业或其他单位具有以下情形之一的出口货物劳务。

① 将空白的出口货物报关单、出口收汇核销单等退（免）税凭证交由除签有委托合同的货代公司、报关行，

或由境外进口方指定的货代公司（提供合同约定或者其他相关证明）以外的其他单位或个人使用的。

② 以自营名义出口，其出口业务实质上是由本企业及其投资的企业以外的单位或个人借该出口企业名义操作完成的。

③ 以自营名义出口，其出口的同一批货物既签订购货合同，又签订代理出口合同（或协议）的。

④ 出口货物在海关验放后，自己或委托货代承运人对该笔货物的海运提单或其他运输单据等上的品名、规格等进行修改，造成出口货物报关单与海运提单或其他运输单据有关内容不符的。

⑤ 以自营名义出口，但不承担出口货物的质量、收款或退税风险之一的，即出口货物发生质量问题不承担购买方的索赔责任（合同中有约定质量责任承担者除外）；不承担未按期收款导致不能核销的责任（合同中有约定收款责任承担者除外）；不承担因申报出口退（免）税的资料、单证等出现问题造成不退税责任的。

⑥ 未实质参与出口经营活动、接受并从事由中间人介绍的其他出口业务，但仍以自营名义出口的。

07

第七章

进出口税收中的法律责任

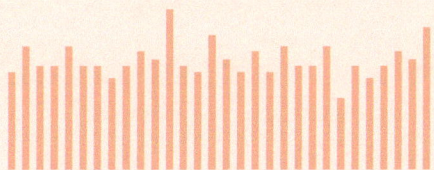

由于操作上的复杂性，进出口企业经常会面临各种法律风险。一旦违反规定，轻则受到行政处理、行政处罚，重则构成犯罪被追究刑事责任。本章就针对进出口税收中的相关法律责任问题进行介绍说明。

一、出口退税中的法律责任

出口退税一直是税务稽查的重点。国家税务总局会同公安部、海关总署、人民银行经常开展打击虚开骗税专项行动。对于进出口企业来说，骗取出口退税是一项非常严重的指控。"骗"体现了行为人主观上的故意，也体现了退税款获取的非正当性，因此当事人将承担严厉的法律责任。骗取出口退税的法律责任可以分为行政责任与刑事责任两大类。

（一）行政责任

骗取出口退税的行政责任包括行政处理与行政处罚。行政处理通常是指补缴税款，且不受追征期限的限制。也就是说，无论骗取出口退税发生在什么时候，一旦被税务机关发现，进出口企业都要补缴税款，并按照日万分之五缴纳滞纳金。所以，在面对骗取出口退税的争议时，进出口企业一定要尽早解决，否则可能会越拖越被动，非但税款一分不能少，滞纳金还会随着时间的推移不断增多。

行政处罚包括金钱罚和资格罚。金钱罚就是对骗取出口退税的行为人处以罚款，而资格罚则是指在一定期限内停止骗取出口退税企业的出口退税权。

《中华人民共和国税收征收管理法》第五十二条规定："因税务机关的责任，致使纳税人、扣缴义务人未缴或者少缴税款的，税务机关在三年内可以要求纳税人、扣缴义务人补缴税款，但是不得加收滞纳金。

因纳税人、扣缴义务人计算错误等失误，未缴或者少缴税款的，税务机关在三年内可以追征税款、滞纳金；有特殊情况的，追征期可以延长到五年。

对偷税、抗税、骗税的，税务机关追征其未缴或者少缴的税款、滞纳金或者所骗取的税款，不受前款规定期限的限制。"

第六十六条规定："以假报出口或者其他欺骗手段，

骗取国家出口退税款的，由税务机关追缴其骗取的退税款，并处骗取税款一倍以上五倍以下的罚款；构成犯罪的，依法追究刑事责任。

对骗取国家出口退税款的，税务机关可以在规定期间内停止为其办理出口退税。"

《出口货物劳务增值税和消费税管理办法》第十三条规定："对骗取国家出口退税款的，由省级以上（含本级）税务机关批准，按下列规定停止其出口退（免）税资格：

1. 骗取国家出口退税款不满5万元的，可以停止为其办理出口退税半年以上一年以下；

2. 骗取国家出口退税款5万元以上不满50万元的，可以停止为其办理出口退税一年以上一年半以下；

3. 骗取国家出口退税款50万元以上不满250万元，或因骗取出口退税行为受过行政处罚、两年内又骗取国家出口退税款数额在30万元以上不满150万元的，停止为其办理出口退税一年半以上两年以下；

4. 骗取国家出口退税款250万元以上，或因骗取出口退税行为受过行政处罚、两年内又骗取国家出口退税款数额在150万元以上的，停止为其办理出口退税两年以上三年以下；

5.停止办理出口退税的时间以省级以上（含本级）税务机关批准后作出的《税务行政处罚决定书》的决定之日为起始日。"

（二）刑事责任

一旦涉嫌骗取出口退税，进出口企业就应该意识到，可能不仅仅会受到行政处理和行政处罚。应对不当，此类案件极有可能朝着刑事犯罪的方向发展。因为一旦被税务稽查定性为骗取出口退税，则很有可能在税务处罚结束之后，被作为犯罪线索移交给公安机关进行刑事侦查。进出口企业如果未在税务稽查阶段进行有效的抗辩，一旦骗取出口退税的事实被认定，那么在刑事阶段很难翻案。对此，进出口企业一定要有行政争议与刑事争议同步处理的思维方式。要知道，骗取出口退税最高可判处无期徒刑。

《中华人民共和国刑法》（以下简称《刑法》）第二百零四条规定："以假报出口或者其他欺骗手段，骗取国家出口退税款，数额较大的，处五年以下有期徒刑或者拘役，并处骗取税款一倍以上五倍以下罚金；数额巨大或者有其他严重情节的，处五年以上十年以下有期徒刑，并处骗取税款一倍以上五倍以下罚金；数额特别巨大或者有其他特别严重情节的，处十年以上有期徒刑或者无期徒刑，并处骗取税款一倍以上五倍以下罚金或者没收财产。

纳税人缴纳税款后，采取前款规定的欺骗方法，骗取所缴纳的税款的，依照本法第二百零一条的规定定罪处罚；骗取税款超过所缴纳的税款部分，依照前款的规定处罚。"

根据《最高人民法院关于审理骗取出口退税刑事案件具体应用法律若干问题的解释》（最高人民法院法释〔2002〕30号）：

"骗取国家出口退税款5万元以上的，为刑法第二百零四条规定的'数额较大'；骗取国家出口退税款50万元以上的，为刑法第二百零四条规定的'数额巨大'；骗取国家出口退税款250万元以上的，为刑法第二百零四条规定的'数额特别巨大'。

具有下列情形之一的，属于刑法第二百零四条规定的'其他严重情节'：

（一）造成国家税款损失30万元以上并且在第一审判

决宣告前无法追回的；

（二）因骗取国家出口退税行为受过行政处罚，两年内又骗取国家出口退税款数额在 30 万元以上的；

（三）情节严重的其他情形。

具有下列情形之一的，属于刑法第二百零四条规定的'其他特别严重情节'：

（一）造成国家税款损失 150 万元以上并且在第一审判决宣告前无法追回的；

（二）因骗取国家出口退税行为受过行政处罚，两年内又骗取国家出口退税款数额在 150 万元以上的；

（三）情节特别严重的其他情形。"

二、海关环节的法律责任

进出口业务中，除了出口退税等税务风险外，海关环节的法律风险也不容忽视。稍有不慎，就有可能受到行政处理、行政处罚，甚至被追究刑事责任。

（一）行政责任

违反海关监管规定所导致的法律责任，其严重程度主要取决于行为人的主观意图。如果行为人是无意为之，则通常仅视为影响海关统计准确性或者违反海关监管秩序的行为予以处理或处罚，法律责任较轻；如果行为人是有意为之，则极有可能被视为走私行为予以处理或处罚，法律责任较重。最直观的表现是，对于影响海关统计准确性或者违反海关监管秩序的行为，进出口的货物不会被没收；而一旦进出口企业的行为被定性为走私，那么进出口的货物将被没收。

针对走私行为，《海关行政处罚实施条例》第九条规定：

"（一）走私国家禁止进出口的货物的，没收走私货物及违法所得，可以并处 100 万元以下罚款；走私国家禁止进出境的物品的，没收走私物品及违法所得，可以并处 10 万元以下罚款。

（二）应当提交许可证件而未提交但未偷逃税款，走私国家限制进出境的货物、物品的，没收走私货物、物品及违法所得，可以并处走私货物、物品等值以下罚款。

（三）偷逃应纳税款但未逃避许可证件管理，走私依法应当缴纳税款的货物、物品的，没收走私货物、物品及违法所得，可以并处偷逃应纳税款 3 倍以下罚款。

专门用于走私的运输工具或者用于掩护走私的货物、物品，2 年内 3 次以上用于走私的运输工具或者用于掩护走私的货物、物品，应当予以没收。藏匿走私货物、物品的特制设备、夹层、暗格，应当予以没收或者责令拆毁。使用特制设备、夹层、暗格实施走私的，应当从重处罚。"

针对走私以外的违反海关监管规定的行为，《海关行政处罚实施条例》第十五条规定："进出口货物的品名、税则号列、数量、规格、价格、贸易方式、原产地、启运地、运抵地、最终目的地或者其他应当申报的项目未申报或者申报不实的，分别依照下列规定予以处罚，有违法所得的，没收违法所得：

（一）影响海关统计准确性的，予以警告或者处 1 000 元以上 1 万元以下罚款；

（二）影响海关监管秩序的，予以警告或者处 1 000 元以上 3 万元以下罚款；

（三）影响国家许可证件管理的，处货物价值 5% 以上

30% 以下罚款；

（四）影响国家税款征收的，处漏缴税款 30% 以上 2 倍以下罚款；

（五）影响国家外汇、出口退税管理的，处申报价格 10% 以上 50% 以下罚款。"

针对保税货物的违规行为，《海关行政处罚实施条例》第十八条规定："有下列行为之一的，处货物价值 5% 以上 30% 以下罚款，有违法所得的，没收违法所得：

（一）未经海关许可，擅自将海关监管货物开拆、提取、交付、发运、调换、改装、抵押、质押、留置、转让、更换标记、移作他用或者进行其他处置的；

（二）未经海关许可，在海关监管区以外存放海关监管货物的；

（三）经营海关监管货物的运输、储存、加工、装配、寄售、展示等业务，有关货物灭失、数量短少或者记录不真实，不能提供正当理由的；

（四）经营保税货物的运输、储存、加工、装配、寄售、展示等业务，不依照规定办理收存、交付、结转、核销等手续，或者中止、延长、变更、转让有关合同不依照规定向海关办理手续的；

（五）未如实向海关申报加工贸易制成品单位耗料量的；

（六）未按照规定期限将过境、转运、通运货物运输出境，擅自留在境内的；

（七）未按照规定期限将暂时进出口货物复运出境或者复运进境，擅自留在境内或者境外的；

（八）有违反海关监管规定的其他行为，致使海关不能或者中断对进出口货物实施监管的。

前款规定所涉货物属于国家限制进出口需要提交许可证件，当事人在规定期限内不能提交许可证件的，另处货物价值 30% 以下罚款；漏缴税款的，可以另处漏缴税款 1 倍以下罚款。"

（二）刑事责任

《刑法》第一百五十三条走私普通货物、物品罪规定："走私本法第一百五十一条、第一百五十二条、第三百四十七条规定以外的货物、物品的，根据情节轻重，分别依照下列规定处罚。

（一）走私货物、物品偷逃应缴税额较大或者一年内曾因走私被给予二次行政处罚后又走私的，处三年以下有期徒刑或者拘役，并处偷逃应缴税额一倍以上五倍以下罚金。

（二）走私货物、物品偷逃应缴税额巨大或者有其他严重情节的，处三年以上十年以下有期徒刑，并处偷逃应缴税额一倍以上五倍以下罚金。

（三）走私货物、物品偷逃应缴税额特别巨大或者有其他特别严重情节的，处十年以上有期徒刑或者无期徒刑，并处偷逃应缴税额一倍以上五倍以下罚金或者没收财产。

单位犯前款罪的，对单位判处罚金，并对其直接负责的主管人员和其他直接责任人员，处三年以下有期徒刑或者拘役；情节严重的，处三年以上十年以下有期徒刑；情节特别严重的，处十年以上有期徒刑。

对多次走私未经处理的，按照累计走私货物、物品的偷逃应缴税额处罚。"

《最高人民法院 最高人民检察院关于办理走私刑事案件适用法律若干问题的解释》（法释〔2014〕10

号）第十六条规定："走私普通货物、物品，偷逃应缴税额在十万元以上不满五十万元的，应当认定为刑法第一百五十三条第一款规定的'偷逃应缴税额较大'；偷逃应缴税额在五十万元以上不满二百五十万元的，应当认定为'偷逃应缴税额巨大'；偷逃应缴税额在二百五十万元以上的，应当认定为'偷逃应缴税额特别巨大'。

走私普通货物、物品，具有下列情形之一，偷逃应缴税额在三十万元以上不满五十万元的，应当认定为刑法第一百五十三条第一款规定的'其他严重情节'；偷逃应缴税额在一百五十万元以上不满二百五十万元的，应当认定为'其他特别严重情节'：

（一）犯罪集团的首要分子；

（二）使用特种车辆从事走私活动的；

（三）为实施走私犯罪，向国家机关工作人员行贿的；

（四）教唆、利用未成年人、孕妇等特殊人群走私的；

（五）聚众阻挠缉私的。"

【案例 7-1】2014 年至 2018 年，S 公司在从国外采购隐形眼镜等货物的过程中，为牟取非法利益，公司法定代表人、经营负责人曲某经与外商共谋后，决定采用低报价格的方式向海关申报进口，进口后的货物用于该公司自行销售或销售给国内其他隐形眼镜公司牟利。其间，曲某安排公司员工熊某具体负责联络外商订购货物、单证流转、使用个人账户收取货款和支付差额货款等。后经海关计核，曲某从中偷逃应缴税额共计人民币170万元、熊某参与偷逃应缴税额共计155万元。

另查明，2017年10月至2018年12月，熊某在他人低报价格走私进口隐形眼镜的过程中，协助他人联络外商、对接单证等，经海关计核，其参与偷逃应缴税额共计17万元。

上述二人均被提起公诉，法院认为，被告人曲某作为涉案单位S公司的法定代表人、经营负责人，违反海关法规、逃避海关监管，在进口货物的过程中决定并采用低报价格的方式向海关申报，从中偷逃应缴税款170万元；被告人熊某作为单位其他直接责任人员，受曲某指使，具体负责涉案货物的订购、单证传递、货款收取和支付等，参与偷逃应缴税款155万元，均属情节严重。另外，被告人熊某在他人低报价格走私货物入境的过程中，协助他人联络外商、对接单证等，参与偷逃应缴税款 17 万元，数额较大。被告人曲某、熊某的行为均已构成走私普通货物罪，依法应予惩处。被告人熊某在判决宣告前一人犯数罪，依法应当实行数罪并罚。公诉机关指控的事实清楚，证据确实、充分，罪名成立。

最终，法院判决被告人曲某犯走私普通货物罪，判处有期徒刑三年，缓刑三年。被告人熊某犯（单位）走私普通货物罪，判处有期徒刑一年；犯走私普通货物罪，判处拘役四个月，并处罚金人民币 7 万元；决定执行有期徒刑一年，缓刑一年，并处罚金人民币 7 万元。补缴的税款上缴国库，不足部分继续责令退赔；违法所得予以追缴；供犯罪所用的本人财物予以没收。